Jens Kegel

Erfolgreich erfolgreich werden

Jens Kegel

Erfolgreich erfolgreich werden

Wissenschaftlich fundiert und praxiserprobt

1. Auflage 2013, Herstellung und Verlag: BoD – Books on Demand, Norderstedt

ISBN 978-3-848263-15-8

Autor

Dr. Jens Kegel ist Kommunikations-Experte. Er studierte Germa-
nistik, Geschichte, Pädagogik und Psychologie. Nach zwei
Staatsexamen folgten ein Fernstudium „Werbetexten" und ein
Promotionsstudium im Bereich Germanistische Linguistik. Seit
fünfzehn Jahren arbeitet er als Texter, Autor, Ghostwriter und Bera-
ter für verbale Unternehmenskommunikation. Er berät Personen
und Unternehmen in den Bereichen Kommunikation und Vermark-
tung. Jens Kegel übersetzt für Praktiker die neuesten Erkenntnisse aus verschiedenen
Wissenschaftsbereichen und bereitet sie methodisch in Vorträgen und Seminaren
auf.

www.jens-kegel.de

Inhaltsverzeichnis

Vorwort

Erfolg ist für manche ein scheues Reh, für andere ein unüberwindbares Gebirge. Jeder wird Erfolg auch anders definieren. Männer orientieren sich aufgrund ihrer Natur eher an wirtschaftlichen Maßstäben und koppeln Erfolg an Karriere und viel Geld. Frauen binden den Begriff eher an soziale Komponenten. Was auch immer jeder darunter versteht – Erfolg kann man lernen und sein Gehirn darauf ausrichten. Das ist allerdings nicht ganz so einfach, wie manche Erfolgstrainer behaupten. Sie suggerieren ihrem Publikum, dass der Weg zu Erfolg und Glück ganz leicht ist, wenn man nur die richtigen Regeln und Gesetze kennt. Wenn der hochmotivierte Erfolgslehrling diese anwendet und nach einem Jahr immer noch nicht erfolgreich und glücklich ist, breitet sich Frust aus.

Neurologen und Psychologen haben in den letzten Jahrzehnten in vielen aufsehenerregenden Versuchen einige unserer recht nebulösen Annahmen zu Erfolg und Glück widerlegen können. Sie untersuchten erfolgreiche und glückliche Menschen, beschäftigten sich mit ihren Ansichten, Motiven, Lebenswegen und entdeckten Erstaunliches. Mit diesen eindrucksvollen Ergebnissen beschäftigt sich dieses Buch. Es zeigt nicht nur die wichtigsten Erkenntnisse, sondern auch, wie jeder von uns sie täglich anwenden kann, ohne seine Individualität aufgeben zu müssen. Die wichtigsten Resultate vorab:

Erfolg ist keine Sache des Zufalls und schon gar nicht auf die scheinbar Begünstigten beschränkt. Alle Menschen können Erfolg mit Hilfe verschiedener Strategien lernen und sich selbst auf den Weg bringen. Ähnlich ist es mit dem sagenumwobenen Glück. Es ist weder an Geld noch an andere materielle Güter gekoppelt, sondern findet sich häufig in Dingen, denen wir die Fähigkeit absprechen, Glück auszulösen.

Das Buch basiert auf Erkenntnissen der Wissenschaftler, aber auch auf meinen eigenen Erfahrungen. Nur wenn diese die Forschungen bestätigen, habe ich sie eingebracht und für glaubwürdig empfunden – wohl wissend, dass der eigene Geist uns mehr als genug Streiche spielt und oftmals etwas vorgaukelt.

1. Der Mensch in seiner Welt

Etwas abseits des medialen Interesses wird seit einigen Jahren eine hitzige Debatte geführt. Sie betrifft nicht weniger als das Selbstbild, welches wir Menschen uns geschaffen haben. Die Diskussion zeigt schon jetzt tiefgreifende Umwälzungen im Denken. Die Ergebnisse sind nicht etwa nebensächlich, sondern beeinflussen ganz wesentlich, wie man die beiden Zustände Erfolg und Glück erreichen kann. Dabei konkurrieren heute mehr als je zuvor verschiedene Menschenbilder miteinander, die gegensätzlicher nicht sein können.

Monotheistische Religionen, die einen Schöpfer voraussetzen, betrachten den Menschen als Ebenbild Gottes und demnach ihm zumindest in einigen wesentlichen Eigenschaften ebenbürtig. Diese Auffassung ist nicht veraltet, sondern feiert unter dem Begriff Kreationismus fröhlich ihre ständige Wiedergeburt. Das ist verständlich, denn in einer hochkomplexen und zunehmend undurchschaubar werdenden Welt brauchen Menschen Fixpunkte, feste Glaubensgrundsätze, auch wenn sich diese längst als widerlegt herausgestellt haben. Man weiß ja nie…

Die Aufklärung hat das Bild von einem Schöpfer bereits am Ende des Achtzehnten Jahrhunderts revidiert und den Menschen als Individuum gesehen, der seine Geschicke selbst in die Hand nehmen soll und demnach nicht von einer höheren Macht und ihrer Institution – der Kirche – gesteuert und gelenkt werden muss. Die Kernsätze der Aufklärer stammen von Immanuel Kant: „Aufklärung ist der Ausgang des Menschen aus seiner selbstverschuldeten Unmündigkeit." „Habe Mut, dich deines eigenen Verstandes zu bedienen."

Wie aktuell diese beiden Sätze heute wieder sind, zeigt die allgemein um sich greifende Jammerei. Alle anderen haben Schuld an meiner Situation, die da oben tun nichts für mich. Wenn für die Aufklärer noch Religion und Kirche Ursache für die Unmündigkeit waren, dann können wir heute getrost unsere materiell eingestellte Industriegesellschaft und den Staat einsetzen. Uns wurde in mittlerweile mehreren Generationen anerzogen, zuerst einmal nach dem Staat oder der Gesellschaft oder wem auch immer zu rufen. Deutsche befinden sich in einer – zugegeben, äußerst bequemen – Unmündigkeit, aus der wir aber auch wieder in die Mündigkeit, in das selbstbestimmte Leben entlassen werden können. Nein, falsch formuliert… wir werden nicht entlassen, wir entlassen uns selbst. Genau hier liegt die erste und wichtigste Grundlage für Erfolg und Glück. Wer am Gängelband des Staats, der Firma, der traditionsreichen Familie („Bei uns sind schon immer alle Anwälte geworden.") verharrt, tut genau das: verharren. Entwicklung ist nur in den vorgezeichneten Bahnen möglich, wirkliches Glück und selbst geschaffener Erfolg, die sich nicht an der Zahl der Status-Symbole messen lassen müssen, sind dabei fast automatisch ausgeschlossen.

Nun hat sich in den letzten Jahrzehnten eine Wissenschaft stürmisch entwickelt und dabei ganze Weltbilder auf den Kopf gestellt, die Neurologie. Zwei der wichtigsten Erkenntnisse, die auch am heftigsten diskutiert werden, lauten: Der Mensch ist viel weniger rational und viel individueller. Noch vor wenigen Jahrzehnten konnte man sich nicht vorstellen, wie weit die einzelnen Menschen wirklich auseinanderdriften. Das bezieht sich auf körperliche Merkmale, viel stärker aber noch auf die Art und Weise, die Welt zu betrachten und mit ihr umzugehen. Darin liegt ein zentraler Schlüssel, der Erfolgreiche von Erfolglosen trennt. Um nun die wichtigsten Erkenntnisse über das Wesen des Menschen, welche sich auf Erfolg und Glück beziehen, nutzen zu können, fasse ich sie im Folgenden zusammen.

a)   Wahrheiten sind relativ

Manch einer hat noch in der Schule die Unterscheidung zwischen objektiver und subjektiver Realität gelernt. Heute weiß man, dass Menschen gar nicht in der Lage sind, alles um sich herum wahrzunehmen und damit eine Objektivität widerzuspiegeln. Mit anderen Worten: Menschen können nur einen Bruchteil der Welt sehen, riechen, schmecken, hören, fühlen, weil uns Vieles entgeht oder wir schlicht keine Sinnesorgane dafür haben. Diese sind auch nicht dafür gemacht, um zu erkennen, was die Welt im Innersten zusammenhält… sie sind schlicht und einfach gemacht, um überleben zu können. Hiermit korrespondiert die Erkenntnis, dass mehr als fünfundneunzig Prozent aller Nervenzellen Interneurone sind, die über keinen Kontakt zur Außenwelt verfügen. Das Gehirn kommuniziert also zu großen Teilen mit sich selbst und verarbeitet die wenigen informellen Bruchstücke, welche die störanfälligen Sinnesorgane anliefern. Dietmar Hansch vergleicht diese Situation mit einem Kobold, der in einer Milchglaskugel sitzt und nur schemenhaft Elemente des Außen bemerken kann. Daraus ist zu schlussfolgern, dass Menschen ihre Umwelt individuell wahrnehmen und verarbeiten. Wenn wir dies auf Erfolgreiche beziehen, wird klar, dass sie die Welt anders sehen, anders wahrnehmen und mit den vorgefundenen Informationen anders umgehen müssen als andere. Die Frage stellt sich, wie sie das tun?

b) Veränderungen sind sein täglich Brot

Der Mensch ist – etwas abwertend gesprochen – nichts anderes als ein Zellhaufen, der in sich relativ abgeschlossen ist und sich organisiert. Die Betonung liegt auf dem Wörtchen *sich*. Er wird nicht von außen, von anderen, von fremden Mächten strukturiert; er macht das allein. Die Fähigkeit komplexer Strukturen, sich selbst zu organisieren, existiert bereits auf der Ebene der Atome und Moleküle. Solche Systeme werden auch als synergetische Strukturen bezeichnet, weil alle Teile aufeinander einwirken und zugleich einen Nutzen aus diesem Miteinander ziehen. Synergetische Systeme besitzen folgende Eigenschaften:

- Innerhalb bestimmter Grenzen sind sie flexibel.
- In gewisser Weise können sie Kriterien optimieren (Anordnung, Aufbau, Leistung…).
- Entwicklungen innerhalb laufen nicht linear und gleichmäßig, sondern in Sprüngen ab.
- Prozesse innerhalb synergetischer Systeme können einander verstärken und so zu einem positiven Kreislauf beitragen.

Bezieht man diese Eigenschaften auf die synergetische Struktur Mensch, wird eines unmissverständlich klar: Wandel zum Erfolg wird nicht von außen an den Zellhaufen Mensch herangetragen; Wandel zum Erfolg entsteht in seinem Innern. Da trifft es sich natürlich ganz gut, dass diese Prozesse bereits gut erforscht sind und sich an vielen Beispielen belegen lassen.

c)   Das Fell unter der Kleidung

Setzt man die Entwicklung des Menschen in evolutionsbiologische Verhältnisse, muss man ihn unweigerlich als Frischling bezeichnen. Gemessen an den riesigen Zeiträumen sind die Menschen heutiger Ausprägung erst wenige hunderttausend Jahre auf dem Planeten, tragen aber in ihren Gehirnen und Körpern all das evolutionäre Erbe ihrer Vorfahren mit sich herum. Unter dem dünnen Deckmantel der Zivilisation erkennt man viele Eigenschaften, die wir mit Tieren gemeinsam haben – das mühsam verborgene Streben nach Macht, Krieg mit Individuen der eigenen Art, sexuelle Dauerspannung, aber auch Empathie, Großzügigkeit und Sanftmut. Ob wir es wahrhaben wollen oder nicht – das Bild von der Krone der Schöpfung ist nicht nur anmaßend, sondern grundfalsch.

Weil Menschen integraler Bestandteil des Tierreichs sind, verhalten sie sich auch so. Dies wird immer dann deutlich, wenn der dünne Firnis der Zivilisation weggeschwemmt wird und es ums nackte Überleben geht. Selbst in einer Schlange vor der Supermarktkasse oder im Straßenverkehr, wenn es bestimmt nicht um Sein oder Nichtsein geht, werden archaische Muster spürbar. Man kann diese Tatsachen ignorieren, man kann sie aber auch annehmen und versuchen, mit dem Körper und seinem evolutionär entwickelten Geist klar zu kommen, um das Beste draus zu machen.

d)   Eine einzigartige Mischung

Die menschliche Spezies hat sich so erfolgreich entwickelt und über den ganzen Erdball verbreitet, weil sie Eigenschaften in sich vereint, die sie geradezu auf Erfolg programmiert. Menschen sind in höchstem Grade flexibel, wenn es darum geht, sich an veränderte Bedingungen anzupassen. Sie leben in der Wüste und im ewigen Eis gleichermaßen. Menschen haben während ihrer Entwicklung ein einzigartiges Kommunikations-System entwickelt, das es ihnen ermöglicht, selbst über Sachverhalte zu sprechen, die erst in der Zukunft stattfinden oder nie Realität werden. Sie nutzen – wie andere Tiere nicht nur das, was sie in ihrer Umwelt finden, sondern gestalten und formen diese nach ihren Wünschen um. Das geht sogar so weit, dass sie bis in die atomare Ebene vorstoßen und die kleinsten Bauteile spalten. Zugleich besitzen sie ein System moralischer und ethischer Grundsätze, die ein Zusammenleben vieler Individuen erst ermöglichen – auch wenn dieses System oft nicht funktioniert.

Menschen haben ein Bewusstsein von sich selbst und anderen entwickelt, was es ihnen ermöglicht, die Außenperspektive einzunehmen und über sich selbst zu reflektieren. Dies ist eine wesentliche Voraussetzung für Veränderungen. Zugleich haben viele – zumindest in der westlichen Welt – Zeit, nicht mehr den ganzen Tag für Nahrungssuche und Brutpflege aufzuwenden. Wir können uns demnach Dingen zuwenden, die ästhetischer Natur sind und primär nicht dazu dienen, das Leben am Laufen zu halten.

Zusammenfassung

Menschen sind weit entwickelte Tiere, die zwar ihr evolutionäres Erbe häufig nicht wahrhaben wollen, oft genug aber danach handeln. Dies bezieht sich auch auf den Bau unseres Gehirns. Es ist nicht gemacht, um die Welt zu erkennen, sondern in ihr bestmöglich zu überleben. Menschen nehmen ihre Umwelt unterschiedlich und individuell wahr. Darum besitzt jeder eine andere Wahrheit, die sich nach seinen Erfahrungen, Zielen, Gedanken und Emotionen richtet. Die wichtigste Erkenntnis lautet, dass sich nicht nur Körper, sondern auch Gehirne und mit ihnen Gedanken ändern – vor allem geschieht dies aber aus innerem Antrieb heraus. Der Grund liegt darin, dass Menschen synergetische Systeme sind, die in sich relativ geschlossen und demnach aus sich heraus wandelbar sind.

Andererseits haben wir uns im Laufe der Evolution sehr weit entwickelt, was uns viel ermöglicht. Wir können reflektierend denken, in die Zukunft schauen und gegebene Situationen bewusst verändern. Im Gegensatz zu vorherrschenden Meinungen sind Menschen also weniger von äußeren Einflüssen (und Einflüsterungen) abhängig, als uns dies oft weisgemacht wird. Wandel und der Antrieb dazu kommen demnach nicht von außen, sondern aus unserem Gehirn.

2. Pessimisten und Optimisten

2.1 Die Welt ist ein Jammertal

Jeder kennt diese Menschen, jeder hat mindestens einen im Bekannten- oder Freundeskreis. Man ruft an und hört sich mit Problemen, Ungerechtigkeiten, Zumutungen und anderen großen und kleinen Alltags-Schlamasseln konfrontiert: „Du glaubst ja gar nicht, was mir wieder passiert ist…" Natürlich ist auch wahr, dass jeder Frust abbauen muss und sich Unangenehmes von der Seele reden möchte. Dabei ist ein wichtiger Unterschied zwischen Frauen und Männern zu beachten. Beide behandeln Sorgen und Probleme grundsätzlich in zwei Phasen. In der ersten geht es darum zu kommunizieren, andere einzubeziehen, Verständnis zu suchen und sich Luft zu verschaffen. In der zweiten suchen dann – im Idealfall – beide nach einer Lösung, um das Problem aus der Welt zu schaffen. Wie die Neurologin Louann Brizendine feststellt, verharren die Damen jedoch viel länger in der ersten Phase, während die Männer sehr schnell zur Phase zwei wechseln. Das führt dann natürlich zu Missverständnissen. Sie berichtet noch ausführlich vom Sachverhalt und hofft auf Signale der Zustimmung, des Mitfühlens, während er bereits tief in der zweiten Phase steckt und eine Lösung sucht. Weil der Kerl dabei nur einsilbig antwortet und eher abwesend scheint, interpretiert sie dies als Desinteresse. Wenn sie ihn dann mit genau diesem Vorwurf konfrontiert, reagiert er fassungslos und beleidigt.

Zurück aber zu den Dauer-Problematisierern. Wenn Gespräche ganz überwiegend um Probleme kreisen, können geduldige Zuhörer fast sicher sein, einen Pessimisten an der Leitung zu haben. Dabei kann eine grundsätzlich pessimistische Lebenshaltung massive gesundheitliche Folgen mit sich bringen. Pessimisten haben schneller Beschwerden als andere, auch, weil ihre Schmerzschwelle vermutlich tiefer liegt. Ihr Immunsystem arbeitet schlechter, was sie wiederum anfälliger für Krankheiten macht. Damit aber nicht genug. Pessimisten rappeln sich bei Niederlagen nicht hoch, sondern bleiben liegen (und bedauern sich selbst). Sie besitzen weniger Kraft durchzuhalten und sind auch weitaus anfälliger für eine Depression. Damit aber immer noch nicht genug der negativen Auswirkungen. Eine negative Lebenseinstellung kann sogar das Wachstum von Tumoren beschleunigen. Der US-amerikanische Psychologie-Professor Martin Seligman, der sich vor allem mit Depressionen auseinandersetzt und erforscht, fasst seine Erkenntnisse so zusammen: „Depression ist auf die Spitze getriebener Pessimismus".

Seligman blieb nicht bei der Analyse stehen und versuchte herauszufinden, woher Pessimismus und Depression rühren. Ein wichtiger Faktor dabei ist die so genannte „Erlernte Hilflosigkeit". Diese kann man bei Tieren und Menschen gleichermaßen erzeugen, was experimentell nachgewiesen wurde. Wenn Tiere oder Menschen in Situationen geraten, in denen sie immer wieder verlieren, wenn Menschen jahrelang Krieg, Folter, Psychiatrie erlebt haben und ohnmächtig mit ansehen mussten, dass sie im Grunde nichts an ihrer Situation ändern können, dann lernen und verinnerlichen sie dieses Verhalten: Ich kann ja nichts tun. Ich bin ja nur ein kleines Rädchen im Getriebe.

Personen, die sich im Zustand der Erlernten Hilflosigkeit befinden, machen sich auch selbst für das Problem verantwortlich und nicht die äußeren Umstände. Sie glauben, dass das Problem allgegenwärtig, nicht auf eine bestimmte Person bezogen ist und unveränderlich fortbestehen wird. Auch wenn alle Tatsachen dagegen sprechen, bleiben sie bei diesen Auffassungen und lassen sich nicht davon abbringen. Dieser Befund stimmt pessimistisch, wenn es keine Lösung gäbe – die aber gibt es. Seligman hat nachgewiesen, dass Erlernte Hilflosigkeit auch wieder verlernt werden kann. Aus Pessimisten lassen sich also Optimisten formen. Wie, sehen wir weiter unten.

2.2 Die Welt ist schön

Vor einiger Zeit fuhr ich mit dem Fahrrad durch die Stadt zu einem Termin, der zugleich einen freundschaftlichen und geschäftlichen Grund hatte. In der Sonne beim Italiener sitzend sagte ich meinem Gegenüber: „Das Leben ist doch geil." Auf erstaunte Blicke folgte die Erklärung: Wir können am Tag, weil wir das wollen, in der

Sonne sitzen. Wir verbinden Angenehmes mit Nützlichem, kein Chef hat uns diesen Termin aufgedrückt. Wir allein haben entschieden, jetzt hier zu sitzen und Pizza zu essen.

Diese scheinbaren Kleinigkeiten mögen vielleicht erstaunlich sein, sie sind aber Ausdruck einer grundsätzlich positiven Lebensauffassung, die wiederum Resultate bewirkt – zuerst gesundheitliche Vorteile, dann berufliche. Optimisten, die zum Beispiel in der Versicherungsbranche arbeiten, lassen sich weniger von telefonischen Absagen irritieren und machen unterm Strich mehr und bessere Abschlüsse als ihre pessimistischen Kollegen. Auch in anderen Bereichen hat sich gezeigt, dass beruflicher Erfolg und Optimismus unmittelbar zusammengehören. So siegen zum Beispiel Politiker, die grundsätzlich optimistisch auftreten und auch so in der Öffentlichkeit agieren, meist haushoch vor ihren Gegnern, die pessimistische Aussagen treffen. Das hängt vermutlich damit zusammen, dass Menschen optimistisch auftretenden Personen lieber folgen, weil sie sich dann selbst ein besseres Leben erhoffen.

2.3 Aus Pessimisten Optimisten formen

Martin Seligman, der viele Jahrzehnte seines Lebens Optimisten und Pessimisten untersuchte, blieb nicht dabei stehen, den Ist-Zustand zu beschreiben. Er war optimistisch genug herauszufinden, ob und wie eine Wandlung gelingen kann. Seine Erkenntnisse aus umfangreichen Forschungen zeigen, dass es verschiedene Möglichkeiten gibt, aus einem Nein-Sager einen Ja-Sager zu formen. Dabei betrachtet der Psychologe eine optimistische Lebenseinstellung nie als Dogma, als starres System: „Ich predige hier keinen absoluten, bedingungslosen Optimismus, den Sie blindlings in allen Lebenslagen anwenden sollen, sondern biete das Konzept eines flexiblen Optimismus an." Damit meint der Psychologe in erster Linie, sich aus einem dauerhaften und umfassenden Pessimismus über Alternativen hin zu optimistischer Betrachtung zu bewegen. Wie dies gelingen kann, sehen wir uns jetzt an.

a) ABC-Ketten

Menschen werden mit negativen Ereignissen konfrontiert (adversity), die harmlos, mittelschwer oder katastrophal sein können. Das beginnt bei dem Glas Marmelade, welches morgens – natürlich dann, wenn keine Zeit ist – auf die Fliesen klatscht, geht über die nicht vorhandene Parklücke bis zum Rausschmiss aus der Firma. Über all diese Dinge machen sich Menschen natürlich Gedanken, die sich schnell zu Glaubensgrundsätzen (beliefs) verfestigen können. Wenn Menschen sie immer wieder denken, entsteht ein Teufelskreis. Die verfestigte Überzeugung wirkt auf Gedanken und Gefühle, diese wiederum bestimmen das Handeln. So entsteht eine Kettenreaktion, die automatisch abläuft: Ereignis → denken → fühlen → handeln. Das wäre an sich nicht weiter schlimm, wenn sich in der Konsequenz (consequence) diese Abfolge nicht auf die Einstellung und das Wohlbefinden auswirken würde – negativ: Der Betreffende wird mutlos und resigniert. Dies allerdings muss nicht so bleiben; es gibt Wege, um die ABC-Ketten daran zu hindern, weiterhin fast automatisch abzulaufen:

Schritt eins: Es geht zuerst einmal darum, überhaupt zu erkennen, dass eine ABC-Kette vorliegt: Wenn die Parklücke weg ist (A), behaupte ich, dass immer mir dies geschieht (B). Ich werde wütend und reagiere auch so (C). Wenn der Chef mich runtermacht (A), nehme ich seine Worte für bare Münze (B), reagiere betroffen und werde kleiner, als ich eigentlich bin (C).

Schritt zwei: Dieser Schritt wird anfangs erst dann möglich sein, nachdem die ABC-Kette (wieder einmal) vollständig abgelaufen und uns bewusst geworden ist. Er wird sich jedoch nach einiger Übung mit dem Schritt eins vermischen: Erkennen, welche Auswirkungen die Ketten haben, was sie bewirken. Dabei zeigt sich sehr häufig, dass die Aufregung umsonst oder die scheinbar so festgefügte Überzeugung nur eine persönliche Sichtweise auf das Ganze war – nichts weiter. Seligman empfiehlt, ein ABC-Tagebuch zu führen, bis man fünf Ketten gefunden hat, die immer wieder auftauchen. Dabei sollen die Emotionen möglichst ausführlich beschrieben werden, um sie sich währenddessen bewusst zu machen.

Beispiel 1:

A: Bei der Beförderung in der letzten Woche hat Meier den neuen Posten abgegriffen, der eigentlich mir zustand.

B: In der Firma kommen immer die anderen weiter als ich selbst, darum sind die anderen wohl besser als ich.

C: Es bringt ja gar nichts, wenn ich besser arbeite als die anderen, ich werde ja sowieso nicht befördert. Also kann ich meine Leistung auch gleich auf siebzig Prozent zurückfahren.

Beispiel 2:

A: Obwohl ich doch auf Diät bin, habe ich mich jetzt zu diesem Stück Torte hinreißen lassen.

B: Es ist immer dasselbe: Ich kann keine Diät bis zum Ende durchführen, weil ich immer wieder rückfällig werde.

C: Ich bin inkonsequent und schwach – am besten, ich gebe die Diät ganz auf.

b) Ablenkung und Disput

Nachdem klar ist, wann und wo solche ABC-Ketten auftauchen und welche Folgen sie haben, geht es daran, sie unschädlich zu machen. Damit dies auch langfristig gelingt, muss sich der Fokus der Aufmerksamkeit erst einmal verschieben – weg von dem Problem. Dabei kann es schon helfen, einfach Stopp zu rufen, sich zu kneifen oder ein anderes Mittel zu verwenden, das ablenkt. Dadurch gewinnt man einen anderen Blickwinkel und betrachtet die scheinbar so übermächtig werdende Katastrophe mit anderen Augen. Langfristig können ABC-Ketten ihren Schrecken verlieren, wenn man sie angreift, argumentativ bearbeitet, als Feinde betrachtet, die es zu bekämpfen gilt. Wer lernt, mit sich selbst Diskussionen zu führen, um die scheinbar unumstößlichen Gesetze als subjektiv und vielleicht falsch zu entlarven, besitzt eine mächtige Waffe. Hierbei gilt es, vier Punkte zu bearbeiten:

- Beweise: Der Glaubensgrundsatz XY ist falsch. Es gibt folgende Beweise, die ihn widerlegen. Dadurch wird auch klar, wie verzerrte Wahrnehmung(en) ein bisher falsches Urteil erzeugen.
- Alternativen: Das Ereignis hat nicht nur eine Ursache, sondern mehrere, an denen man sich zukünftig ebenso orientieren kann.
- Implikationen: Wenn die Überzeugung doch richtig ist, welche zusätzlichen Folgen lassen sich aus dem Ereignis noch ableiten?
- Nutzen: Lohnt es überhaupt, sich über das Ereignis Gedanken zu machen? Ändert sich etwas?

Betrachten wir nun anhand unserer Beispiele, wie sich solche ABC-Ketten auflösen lassen:

Beispiel 1:

- Beweise: Wenn man sich das Unternehmen in seiner Gesamtheit ansieht, war Meier einfach dran, das hat mit mir gar nichts zu tun. Ich verallgemeinere falsch („immer"), obwohl vor drei Jahren ich es war, der befördert wurde. Außerdem wären fünfzehn andere Kollegen ebenso dran wie ich.
- Alternativen: Dass Meier befördert wurde, liegt vielleicht gar nicht an seinen Leistungen; bei Meetings ist er es, der als erster seine Meinung kundtut – die anderen orientieren sich dann an ihm.
- Implikationen: Wenn es stimmt, dass ich nie befördert werde, ist dies vielleicht das falsche Unternehmen für mich. Ich werde meine Fühler in anderer Richtung ausstrecken.
- Nutzen: Reg dich wieder ab, du kannst nichts daran ändern. Sei froh, denn die neuen Aufgaben von Meier willst du doch gar nicht haben. Dann hättest du ja noch weniger Zeit für deine Familie.

Beispiel 2

- Beweise: Wenn ich ein Stück Torte esse, bedeutet das noch lange nicht, dass ich den gesamten Diät-Plan aufgebe. Ein Ausrutscher ist ein einmaliges Ereignis, welches all die anderen positiven nicht aufwiegen kann.
- Alternativen: Um demnächst einer ähnlichen Versuchung aus dem Weg zu gehen, darf ich mich nicht mehr in ein Café setzen. Ich sollte einfach lernen, mich nicht mehr in Situationen zu begeben, in denen ich wieder rückfällig werde.
- Implikationen: Wenn es wirklich stimmt, dass ein einziges Stück Torte meinen Diät-Plan durcheinanderwirft, dann bin ich ein schwacher Mensch. In vielen anderen Fällen habe ich aber gezeigt, dass ich sehr wohl in der Lage bin, mich durchzusetzen.
- Nutzen: Dieses Stück hat mir doch sehr gut geschmeckt. Es ist die Ausnahme von der Regel. Außerdem habe ich mir es als kleine Belohnung verdient.

Zusammenfassung

Pessimisten sind solche Menschen, welche sich in erster Linie das Negative des Lebens herauspicken. Sie sehen das Positive gar nicht und haben gelernt, sich zu bemitleiden und äußere Bedingungen für ihre Situation verantwortlich zu machen. Im Extremfall kann Pessimismus ein Dauerzustand werden und zu Depressionen führen. Optimisten hingegen fokussieren auf Positives und zwingen sich dazu, auch den scheinbaren Rückschlägen Positives abzugewinnen. Optimismus ist – genau wie Pessimismus – erlernbar. Man kann mit Hilfe der richtigen Technik optimistisches Denken erlernen, was wiederum dazu führt, dass sich allmählich eine optimistische Grundeinstellung herausbildet. Im ersten Schritt geht es darum, eine so genannte ABC-Kette zu erkennen. Dabei ist häufig zu sehen, dass die scheinbare Katastrophe eher ein Kataströphchen war. In den folgenden Schritten gilt es, das Ereignis aus anderer Perspektive zu betrachten, es innerlich zu besprechen, Gegenargumente gegen eingefahrene Argumentationsmuster und sogar Positives zu finden.

3. Erfolgreich mit zwei Systemen leben

3.1 Vom faulen und fleißigen Lieschen

Der Begründer moderner Psycho-Analyse – Sigmund Freud – hat vom Unterbewusstsein und Bewusstsein gesprochen. Heute sprechen die Wissenschaftler eher vom System EINS und ZWEI, obwohl sie etwas Ähnliches meinen. Es gehört mittlerweile zum Allgemeinwissen, dass Vieles in unserem Kopf abläuft, ohne dass uns diese Vorgänge bewusst werden, ohne dass wir also etwas davon merken oder diese Vorgänge bezeichnen könnten. Oft wird das Verhältnis zwischen Bewusstsein und Unterbewusstsein mit einem Eisberg verglichen, bei dem ein Sechstel der Masse unter der Wasseroberfläche das Unterbewusstsein repräsentiert, ein Siebtel das Bewusstsein. Heute ist man weiter mit den Erkenntnissen, die allerdings nicht gerade beruhigen. Wenn wir es beim Vergleich mit dem Eisberg belassen, dann entspricht die Größe des Bewusstseins einem Schneeball, der auf dem Eisberg liegt. Der ganze Rest arbeitet unbewusst. Folgende Zitate aus einem Artikel von Hania Luczak zum Thema „Unterbewusstsein" sollen dies verdeutlichen.

„Abseits des lichten Bewusstseins ziehen verborgene Instanzen die Fäden. Darin sind sich Psychologen und Neurowissenschaftler, Philosophen und Mediziner weitgehend einig. […] Das Unbewusste existiert, und seine Führungsqualitäten sind unbestritten. […] Das Bewusstsein ist nicht die Spitze des Eisbergs, sondern eher ein Schneeball, der auf ihm ruht. Das verborgene Reich ist viel voluminöser als vermutet. […] Bewusstsein ist Luxus. Deshalb schaltet das Gehirn, sooft es kann, auf Autopilot. […] Doch das Unbewusste befiehlt nicht, es arbeitet subtil, flüstert und wispert, es hat ja ohnehin das Sagen. Und es ist nicht nur Herr über Wissensspeicher, Datenfilter, Steuerruder oder Fertigungsautomaten, sondern auch eine Art Dolmetscher. […] Jeder Gedanke eines Erwachsenen muss, bevor er im Bewusstsein aufblitzt, das limbische System passieren, das Reich der Gefühle. Dort ist der Ursprung des kognitiven Aktes, dort wird er angefärbt, dort wird die Vernunft eingestimmt. Alles unterliegt dem gleichen Zensor: Ist das Bewusstsein einverstanden oder nicht?"

Wenn die Autorin hier vom Unbewussten und Bewussten spricht, dann meint sie Ähnliches wie manche Psychologen, Verhaltensforscher und Sozialpsychologen. Sie sprechen – nicht als Gegensatz – von zwei Systemen, mit denen unser Gehirn arbeitet – System EINS und ZWEI. Um besser zu erkennen, wie die beiden nutzbar gemacht werden können, sehen wir uns die die wichtigsten Elemente und Eigenschaften an, welche diese beiden kennzeichnen:

a) System EINS

Es ist evolutionär das ältere, weil es im Grunde dafür sorgt, das Individuum unbeschadet und möglichst ohne Blessuren und unnötige Anstrengung durchs Leben zu bringen. Es handelt schnell, impulsiv, ohne Vorwarnung, hat aber auch wesentlich seine Hand mit im Spiel, wenn Menschen intuitiv entscheiden oder einem Impuls nachgehen. Alles, was der homo sapiens vom Leben gelernt hat, wird von ihm auf neue Situationen angewandt. Manchmal handelt er dann zwar schnell, aber auch unlogisch, weil die Umwelt sich viel schneller ändert, als das Gehirn ihr und den Änderungen folgen kann.

Das System EINS:

- arbeitet unbewusst und ohne willentliche Anstrengung.
- löst die wichtigsten Aufgaben des (Über-)lebens.
- berechnet ständig, was in unserem Umfeld geschieht, damit der Körper entsprechend darauf reagieren kann.
- steuert die Aufmerksamkeit.

Dieses grundlegende System hat nicht nur die Aufgabe, uns am Leben zu halten und durch die Widrigkeiten des Seins zu bringen. Es fungiert als Polizist, der ständig auf der Lauer liegt, um bei Gefahr blitzschnell reagieren zu können. Die meisten seiner Aktionen dringen nicht ins Bewusstsein, was uns glauben lässt, dass wir unser Dasein bewusst steuern und alles (bewusst) im Griff haben – ein weitverbreiteter Irrtum.

b) System ZWEI

Um einen Eindruck von der Arbeit dieses Denksystems zu erhalten, schlägt Daniel Kahneman einen einfachen Versuch vor. Wenn Sie mit einem anderen Menschen spazieren gehen (eher gemütlich schlendern als straff wandern), stellen Sie dem anderen abrupt eine Rechenaufgabe, z.B. 48 x 23. Mit großer Sicherheit wird der Begleiter anhalten, weil sein Geist mit beiden Aufgaben – weitergehen und zugleich die Aufgabe lösen – überfordert wäre.

Das System ZWEI:

- arbeitet unter Anstrengungen und hat demnach eine Haupteigenschaft: Faulheit.
- besitzt nur einen begrenzten Umfang.
- ist meist nur in der Lage, sich auf eine Aufgabe zu konzentrieren.
- kann mehrere Aufgaben nicht zur selben Zeit, sondern nur nacheinander effektiv lösen.
- ist anfällig für verschiedene Arten von Zerrbildern, die uns ein falsches Bild vorgaukeln.

Diese Bilanz ist nicht gerade ermutigend, aber wahr. Das System ZWEI benötigt viel Energie, kann sich nur auf eine Aufgabe konzentrieren und blendet demnach alle anderen Informationen aus. Um dies anschaulich zu dokumentieren, haben Wissenschaftler um Christopher Chabris und Daniel Simons eines der aufregendsten psychologischen Experimente durchgeführt. Sie ließen zwei Mannschaften (drei Spieler mit schwarzen T-Shirts und drei mit weißen) Basketball spielen. Probanden sollten nun zählen, wie oft die weiße Mannschaft Ballwechsel hat – eine Aufgabe, die von den Beobachtern volle Aufmerksamkeit verlangt. Nach nur etwas mehr als einer Minute wurden die beobachtenden Testpersonen gefragt, ob ihnen etwas Besonderes aufgefallen sei. Die Hälfte verneinte, sie hatten genug mit dem Zählen der Ballwechsel zu tun. Die andere Hälfte aber hatte bemerkt, dass ein Gorilla durch das Bild wanderte und sich sogar auf die Brust klopfte. Warum hat die Hälfte der Beobachter diesen Gorilla einfach nicht gesehen, obwohl er so offensichtlich durch das Bild lief? Die Antwort sagt alles: Unaufmerksamkeitsblindheit.

Wenn Menschen ihr System ZWEI mit voller Leistung fahren müssen, wie bei diesem Versuch, dann fokussieren sie, richten den Scheinwerfer auf die Aufgabe und übersehen alles, was nicht dazu dient, diese eine Aufgabe zu lösen. Das ist fast wörtlich zu nehmen, denn bei voller Konzentration erweitern sich die Pupillen des Menschen, fokussieren und werden zugleich blind für all das, was nicht Teil der Aufgabe ist. Die Ursache dafür liegt in der ökonomischen Arbeitsweise unseres Denkorgans, denn es muss mit den Ressourcen, die zur Verfügung stehen, haushalten, auch wenn die Treibstofftanks des Gehirns heute viel schneller wieder aufgefüllt werden können – noch vor wenigen hundert Jahren war dies gar nicht so sicher. Genau davon aber geht das Gehirn aus: Sparen, ökonomisch mit der wertvollen Glukose umgehen, wer weiß, wann der Speicher wieder aufgefüllt wird.

Damit eng verbunden ist die Eigenschaft des Systems, faul zu sein. Dies hat man mit einem beeindruckenden Versuch nachgewiesen, der zur Folge hat, dass man als Beschuldigter bei Gericht VOR der Mittagspause schlechte Karten hat... Psychologen stellten fest, dass Richter, die erschöpft oder hungrig waren, mehr Gnadengesuche ablehnten als ihre gesättigten Kollegen. Das ist darauf zurückzuführen, dass die Gehirne der hungrigen Juristen auf Sparmodus schalteten, dem Autopiloten das Steuer überließen, weil dieser weniger Energie verbraucht.

Das Phänomen der Unaufmerksamkeitsblindheit ist in vielen Bereichen zu beobachten. Menschen übersehen in Spielfilmen Fehler, weil sie sich auf die spannende Handlung konzentrieren. Lehrer bemerken den schummelnden Schüler nicht, weil sie mit der Aufgabe an der Tafel beschäftigt sind. Besonders gefährlich wird es beim Autofahren. Die einzelnen Handlungen (schalten, lenken, abbiegen, die anderen Fahrzeuge beobachten...) übernimmt zwar das System EINS, dennoch muss unser Gehirn eine Reihe von Informationen verarbeiten. Die meisten von uns glauben, dass sie dennoch parallel einer Hör-CD lauschen oder telefonieren können. Das System ZWEI ist jedoch mit diesen Informationen überlastet. Multitasking ist also nur mit einfachen Handlungen möglich und auch nur unter zwei Voraussetzungen. Wenn ein Teil der parallel ablaufenden Handlungen automatisiert bzw. habitualisiert ist oder keine Gefahr besteht.

Damit aber noch nicht genug der Besonderheiten. Wenn das System ZWEI handelt, wenn wir also bewusst etwas tun, dann gaukelt uns das Gehirn vor, dass alles so geschieht wie wir es erleben. Dem ist aber nicht so. Die Handlungen laufen durch ein Filtersystem, das unsere Wahrnehmung verzerrt, uns häufig narrt und eine Realität vorspielt. Weil diese Verzerrungen etwas mit den geistigen Handlungen Erkennen, Erfahren und Kennenlernen zu tun haben, werden sie auch als kognitive Verzerrungen bezeichnet. Einige davon werden wir jetzt näher betrachten.

3.2 Verzerrte Wahrnehmung(en)

a) Murphy selektiert

Alles, was schiefgehen kann, wird auch schiefgehen. Dieser Satz wurde als Murphys Gesetz bekannt und zugleich vielfach parodiert. Er ist die verkürzte Fassung einer längeren Aussage des US-amerikanischen Ingenieurs Edward A. Murphy, der meinte: Wenn es mehrere Möglichkeiten gibt, eine Aufgabe zu erledigen, und eine Möglichkeit in einer Katastrophe endet oder anderweitig negativ wirkt, dann wird irgendjemand es genauso machen. Dieser Satz – erst recht seine verkürzte Form – ist Unfug, denn ob genau die negative Variante umgesetzt wird, hängt von sehr vielen Faktoren ab. Im Alltag beziehen viele Menschen dieses so genannte „Gesetz" auf Schlangen an der Kasse, verspätete Züge, eingelaufene Wäsche und andere Widrigkeiten. Sie meinen, Pechvögel zu sein, weil nur ihnen immer wieder dies geschieht. Bei Lichte betrachtet haben wir es mit Phänomenen zu tun, die den Psychologen lange bekannt sind. Sie heißen Selektive Aufmerksamkeit und Kognitive Verzerrung. Das erste beschreibt das Verhalten, nur bestimmte Reize auszuwählen und die anderen nicht zu beachten. Das zweite ist ein Oberbegriff, der verschiedene Fehler beschreibt, die Menschen beim Wahrnehmen, Verarbeiten, Speichern und Wiedergeben machen. Wer also glaubt, wieder mal in der längsten Schlange zu stehen, hat jene Ereignisse ausgeblendet oder schlicht vergessen, in denen dies nicht so war. Wem der Anschlusszug wegen eines anderen verspäteten vor der Nase wegfährt, blendet die pünktlichen aus, konzentriert sich auf die Verspätung, verallgemeinert sie und kommt so zu einem falschen Schluss.

Man sollte sich einfach klar darüber sein, dass die menschlichen Sinnesorgane mitsamt Gehirn NICHT mit einem Computer-System zu vergleichen sind. Menschen machen ständig verschiedene Fehler, wenn sie etwas wahrnehmen, Reize durch verschiedene Gehirn-Filter laufen lassen, speichern und wiedergeben. Verschärfend kommt hinzu, dass die Welt, in der wir leben, ganz einfach zu komplex und unübersichtlich ist. Wir sind für ein relativ reizarmes Leben in der Savanne gemacht und nicht für eines, das Millionen von Reizen täglich für uns bereithält. Unser Gehirn muss sich auf wenige Dinge konzentrieren, es muss auswählen und das Gefundene für sich selbst bearbeiten. Wer dies weiß und sich immer mal wieder ins (auch nicht exakt arbeitende) Gedächtnis ruft, wird sich nicht mehr als Pechvogel verstehen und auf die so genannten Gesetze pfeifen – fröhlich natürlich.

b)   Halo-Effekt

Diese Form der verzerrten Wahrnehmung findet man überall; Menschen erliegen ihr täglich. Wenn man bei einer Party mit einer unbekannten Person angenehm plaudert, überträgt man eine Eigenschaft (angenehmer Gesprächspartner) auf andere, meist, ohne Informationen zu dieser Person zu besitzen. Beim Einstellungsgespräch wirkt diese Form der verzerrten Wahrnehmung ebenso wie zum Beispiel in den allerorten abgehaltenen Meetings bzw. Besprechungen. Hier ist es üblich, dass anstehende Aufgaben oder Probleme von mehreren besprochen werden. Wenn dann der erste Redner seine Meinung sagt, orientieren sich die anderen unbewusst an dieser einen, versuchen sie zu bestätigen, zu stärken oder zu widerlegen. Dadurch geben die nachfolgenden Äußerungen – auch wenn es nur scheinbare Nuancen sind – nicht mehr die wirkliche Meinung des Sprechers wider. Pfiffige Besprechungsleiter können diesem Problem ganz leicht aus dem Weg gehen, indem sie jeden einzelnen Teilnehmer bitten, ihre Meinung kurz zu Papier zu bringen – bevor irgendeiner etwas gesagt hat.

c) Priming

Solomon Asch, der sich mit Forschungen zur Konformität in Gruppen hervorgetan hat, untersuchte auch einen anderen Effekt. Eines seiner sehr einfachen und zugleich beeindruckenden Experimente kann jeder nachvollziehen. Legen Sie Freunden, Familienmitgliedern oder Kollegen kurze Beschreibungen zweier Personen vor, die zum Beispiel so aussehen:

Christoph: intelligent, fleißig, impulsiv, kritisch, eigensinnig, neidisch
Fred: neidisch, eigensinnig, kritisch, impulsiv, fleißig, intelligent

Bitten Sie Ihre Testpersonen, den Charakter von Christoph und Fred einzuschätzen. Das Ergebnis ist meist überraschend. Obwohl beide dieselben Eigenschaften besitzen, werden sie unterschiedlich beurteilt, denn an erster Stelle der aufgezählten Eigenschaften stehen einmal positive, einmal negative. Diese wirken sich auf die anderen Charaktereigenschaften aus und lassen die betreffende Person sofort im positiven oder negativen Licht erscheinen. Die zuerst genannte Eigenschaft erhält darüber hinaus auch ein größeres Gewicht als die nachfolgenden, obwohl vielleicht die Reihenfolge absolut zufällig ist. Priming, die Voraktivierung, läuft vermutlich so ab, dass ein Reiz, den das Gehirn wahrnimmt, eine Reihe von Assoziationen auslöst. Wenn wir also das Adjektiv *intelligent* hören, werden andere (positive) Worte auf ein höheres Aktivitätspotential gehoben. Es bedeutet nicht, dass sie auch ins Bewusstsein gelangen, aber sie lenken unser Denken in eine ganz bestimmte Richtung.

Dies geschieht nicht nur mit Worten, sondern bezieht sich auch auf Handlungen. Wenn Bürger zum Beispiel zur Wahl gehen, um über die Verbesserung des Schulsystems abzustimmen, sollte sich die Wahlkabine möglichst in einer Schule befinden. Wenn wir ständig hören, dass Geld glücklich macht, glauben wir dies und richten unser Handeln danach aus: Geld verdienen um jeden Preis. Dass sogar Bilder unsere Zahlungsmoral erheblich beeinflussen können, haben Forscher an einer britischen Universität mit folgendem simplen Versuch nachgewiesen:

In der Teeküche befindet sich eine „Kasse des Vertrauens", wie es sie auch in vielen anderen Organisationen gibt. Daneben hängt eine Liste mit Preisvorschlägen, was für Tee bzw. Kaffee zu zahlen ist. Soweit, so normal. Eines Tages aber hängt (ohne Vorwarnung) in der Teeküche ein Poster, jede Woche ein anderes. Blumen wechseln mit Fotografien von Augenpartien ab. Was niemand weiß: Jeder, der Geld in die Kasse wirft, nimmt plötzlich an einem Experiment teil. Die Frage lautet, ob das Foto die Zahlungsmoral beeinflusst und sich sogar auf die Höhe des gezahlten Geldes auswirkt. Das Resultat ist mehr als erstaunlich. In den „Augenwochen" wird durchschnittlich dreimal mehr gezahlt als in den „Blumenwochen". Am meisten Geld klingelt in der Kasse, wenn weit aufgerissene Augen auf die Teetrinker herabblicken. Die Blicke werden von unserem System EINS als kontrollierend und beobachtend eingeschätzt – big brother is watching you.

Wer also Menschen zu irgendeiner Handlung bewegen will, muss nicht immer mit der großen Wortkeule ausholen. Oft genügt auch ein Poster mit Augen, ein Bildschirmschoner mit Geldscheinen, eine Tasse Kaffee auf dem Tisch. Wer das Phänomen des Priming nutzen will, sollte sich bereits im Vorfeld Gedanken machen. Welche Ziele möchte ich erreichen? Welche Maßnahme könnte mir erleichtern, meine Ziele zu erreichen, ohne dass den anderen dies unbedingt bewusst wird? Antworten auf diese Fragen helfen, das eigentliche Ziel vorzubereiten, indem man Menschen mit Worten, Bildern und anderen Zeichen vorher (!) schon in die gewollte Richtung denken, fühlen und handeln lässt.

d)   Ungerechtfertigt verallgemeinert

Wenn bei wenigen prominenten Politikern nachgewiesen wird, dass sie in ihrer Doktorarbeit abgeschrieben haben, werden alle Promovierten in Generalverdacht genommen. Wenn ein einzelner Lehrer ein Verhältnis mit einer Schülerin hat, sind auf einmal alle Lehrer suspekt. Wenn in einer Umfrage eines Meinungsforschungsinstitutes dreitausend Menschen gefragt werden, repräsentieren diese in den Augen und Ohren vieler Hörer achtzig Millionen Deutsche. In all diesen Fällen wird deutlich, dass Menschen oft dem Umfang einer Stichprobe, den statistisch relevanten Zahlen kein Gehör schenken. Ob dreihundert oder dreitausend gefragt wurden, ob zwei oder zweihunderttausend abgeschrieben haben, wird meist übersehen. Es lohnt also in vielen Fällen, nach dem Urheber, der Quelle und der statistischen Relevanz einer Information zu fragen. Dies beginnt bereits bei den scheinbar so seriösen Nachrichten, die täglich mittels Medien auf uns niederprasseln. Besonders hier wird klar, wie viele subjektive Filter arbeiten, bevor die Nachricht zu uns dringt.

Da ist als erster der Reporter vor Ort, der aus einem komplexen Ereignis jenen Teil heraussucht, der es seiner Meinung nach in die Nachrichten schafft, der sich also verkaufen lässt. Nach dem Reporter wählen Nachrichtendienste, nach ihnen die Redaktion, der Redakteur, am Ende wir selbst. Auch Statistiken und Befragungen scheinbar unabhängiger Institute haben ihre Tücken. Nur en passant werden hier die eigentlich wichtigen Informationen gegeben, die uns zeigen, wer wessen Meinung scheinbar objektiv erforscht: Das Meinungsforschungsinstitut ABC hat im Auftrag des XYZ zehntausend Bundesbürger in einer Stichprobe befragt.

e) Die Quelle ist zweitrangig

Besonders Jugendliche, die mit Suchmaschinen und Internet auf die Welt gekommen sind, kranken an dieser Art verzerrter Wahrnehmung. Die Tatsache an sich ist aber viel älter. Bereits Goethe lässt im Faust den von Mephisto auf den Arm genommenen Schüler sagen: „Denn was man schwarz auf weiß besitzt, kann man getrost nach Hause tragen." Die Rede ist von der Vorstellung, dass Gedrucktes auch wahr ist. Mit anderen Worten: Die Quelle einer Information rückt gegenüber der Information selbst in den Hintergrund.

Weil heute vielfältige Möglichkeiten bestehen, seine Meinung in einem professionellen Layout zu präsentieren, und alles sehr leicht zu publizieren ist, wird diese verzerrte Wahrnehmung immer wichtiger. Menschen lesen Bücher, die von einer Zeitenwende im Jahr 2012 berichten, weil der Kalender der Maya in diesem Jahr zu Ende geht. Woher die Aussagen der Maya genau kommen, wie sie zu werten sind, wird nicht mehr beachtet. Ähnlich verhält es sich mit anderen Informationen. Ein Hinterbänkler aus dem Bundestag will in der Sommerpause mit einem absurden Vorschlag auf sich aufmerksam machen – wohl wissend, dass dieser Unfug ist – und prompt verallgemeinern nicht wenige Menschen diese Äußerung eines Einzelnen: „Die wollen jetzt auch noch…" Alle Informationen besitzen auf der einen Seite einen Inhalt, auf der anderen stammen sie aus einer Quelle. Viele vernachlässigen diese Quelle und konzentrieren sich auf den Inhalt, verallgemeinern, verbreiten und kommunizieren ihn und verwandeln ihn damit in individuelles Wissen. Kritische Menschen hingegen kümmern sich nicht nur um die Sache, sondern auch die Quelle. Woher stammt diese Information? Wer verbreitet sie zu welchem Zweck? Die wichtigste Frage, welche Erfolgreiche in diesem Zusammenhang jedoch zuerst einmal stellen: Ist diese Nachricht überhaupt relevant für mich? Wenn sie diese Frage mit Nein beantworten, verschwenden sie keine Zeit mehr – weder mit dem Inhalt noch der Quelle.

f)   Viele Infos machen wichtig

In einem Versuch wurden Eheleute gefragt, wie hoch sie ihren prozentualen Anteil beim Aufräumen und Reinigen der Wohnung bemessen. Das Ergebnis ist wenig erstaunlich, verweist aber zugleich auf den Kern dieser verzerrten Wahrnehmung: Die Summe lag in den meisten Fällen über einhundert. Ähnlich überschätzen Menschen ihre Leistungen in einem Team. Sie haben regelmäßig den Eindruck, mehr als die anderen getan zu haben. Zugleich sind sie der Meinung, dass ihr eigener Beitrag zur Gesamtleistung nicht genügend gewürdigt wurde. Diese Überschätzung resultiert daher, dass Individuen mehr Informationen zu ihrer eigenen Tätigkeit besitzen, eben weil sie an diese Informationen viel leichter herankommen. Von den anderen weiß man einfach weniger. Je mehr wir also von einer Sache wissen, je mehr Informationen für uns verfügbar sind, umso wichtiger schätzen wir diesen Sachverhalt ein. Mit zunehmendem Expertentum nimmt diese Art der verzerrten Wahrnehmung zwangsweise zu, denn Experten überschätzen die Bedeutung ihrer Arbeit – einfach darum, weil sie mehr wissen.

Um der Schieflage in der Wahrnehmung, welche durch dieses Zuviel an einseitigen Informationen entsteht, zu begegnen, helfen Gespräche und Adlerperspektive. Wenn wir mehr von den Leistungen der anderen wissen, relativiert sich unsere eigene. Wenn wir die Adlerperspektive einnehmen, wird klar, dass unsere Leistungen eingebettet sind in andere und nur ein Teil des Ganzen darstellen.

Ein Professor in den USA hat sich diese verzerrte Form der Wahrnehmung zu Nutze gemacht. Er forderte die Studenten auf, Vorschläge zu machen, um seinen Unterricht zu verbessern. Damit vergrößerte er also bei den Studenten die Zahl der Informationen zu seiner Person (im Gegensatz zu den Kollegen). Weil sie nun mehr Infos zum Unterricht hatten, bewerteten sie diesen auch als besser. Erfolgreiche Teamleiter, Unternehmer und andere „Alpha-Tiere" können sich dies ebenso zunutze machen. Sie müssen nur die Mitarbeiter auffordern, Verbesserungsvorschläge zu machen und Fakten zusammenzutragen. Damit zwingt man die Menschen, sich stärker mit der Arbeit der Führungspersönlichkeit zu beschäftigen. Weil die anderen nun mehr wissen, schätzen sie demnach auch die Arbeit der Führungskraft als besser ein und werten sie positiver.

g) Leicht im Geiste – leicht im Handeln

Jeder Mensch kennt bestimmte Handlungen, über die er nicht nachzudenken braucht, die ihm flüssig „von der Hand gehen", die das System ZWEI nur wenig beanspruchen. Das Ziel erfolgreicher Menschen besteht nun darin, möglichst viele Tätigkeiten mit einer gewissen Leichtigkeit auszuführen. Dies ist mit verschiedenen Mitteln zu erreichen. Die wichtigsten sehen wir uns näher an:

- Wiederholte Erfahrung: Die Kassiererin tippt fast blind die richtigen Zahlen in die Kasse, der Werkstattmeister hört schon beim ersten Röcheln des Motors, wo der Fehler liegt, die Mitarbeiterin im Call-Center bleibt auch beim hundertsten genervten Gesprächspartner ruhig und gelassen. Wir alle wiederholen bestimmte Handlungen; manche von ihnen benötigen auch einer gewissen Zeit kaum noch Energie aus dem System ZWEI. Wenn Menschen also bestimmte Dinge ohne Anstrengung ausüben wollen, sollten sie diese wiederholen, wiederholen, wiederholen.
- Gute Laune: Der Volksmund hat Recht, mit Humor geht alles besser. Nun muss man nicht den ganzen Tag Witze auf der Zunge haben, um (meist ungeliebte) Tätigkeiten mit zunehmender Leichtigkeit durchzuführen. Es zeigt schon Wirkung, sich im Vorfeld das Positive vorzustellen oder einen positiven

Aspekt hervorzuzaubern. Den Hausputz betrachte ich als Sport, das ungeliebte Gespräch mit dem Mitarbeiter als Trainingsprogramm für Gesprächstechnik, die Überstunden als Vorschusslorbeeren, den Regen als Zeichen, dass ich noch lebe, die gewonnene Zeit am Bahnsteig als Gelegenheit, die eigene Beobachtungsgabe zu schärfen oder endlich das Buch fertig zu lesen…

- Klar und einfach darstellen: Was Menschen kompliziert erklären und kompliziert erklärt wird, scheint auch kompliziert. Alle Handlungen, die chronologisch und einfach erläutert werden, erscheinen auch leichter. Das bezieht sich auf die Kommunikation zwischen Menschen und die intrapersonale – sprich: Gespräche mit sich selbst. In beiden Fällen hilft es, Geschehen in logischer Reihenfolge darzustellen und auf unnötige Details zu verzichten. Zugleich sollte man immer einfache Worte verwenden, damit das System ZWEI nicht allzu stark beansprucht wird – egal, ob das eigene oder jenes des Kommunikationspartners. Wenn das Gehirn allerdings komplizierte Schachtelsätze mit vielen Fachbegriffen lesen muss, schaltet es missmutig auf System ZWEI um.

h) Vertraut durch einfach

Unternehmen, die sich einen einfachen Namen zulegen, erwecken Vertrauen an der Börse, werden höher bewertet als andere und machen die Investoren glauben, dass der Kauf von Aktien gerade bei ihnen lohnt. Leicht auszusprechende Namen bewirken nämlich all diese Effekte – das ist nachgewiesen. Auch sonst ist die Formel Vertrauen durch Einfachheit in vielen Bereichen zu finden, denn Vertrauen mit einer Sache wird durch das System EINS erzeugt. Wenn also in einer Aussage ein oder – besser noch – mehrere Ausdrücke den Hörern vertraut sind, nehmen sie die ganze Aussage eher als vertrauenswürdig an.

Auch bei eher heiklen oder ungewissen Aussagen lässt sich diese Formel anwenden, denn aufgrund unserer beschränkten Informationsaufnahme greift das Gehirn auf eine verkürzte Schlussfolgerung zurück: Was es oft aufnimmt, wird wahr. Weil die meisten Informationen, die Menschen aufnehmen, nicht durch eigene Anschauung entstanden sind, sondern mittels Kommunikation zu ihnen gelangten, muss es diese kurzschlüssige Formel verwenden. Diktaturen und Religionen zeigen, dass häufig wiederholte Äußerungen irgendwann zu Wahrheiten mutieren, obwohl keiner der Beteiligten wirklich einen Nachweis erbringen kann, dass das Gehörte wahr ist: Jesus ist auferstanden, Juden wollen mittels Bolschewismus eine Weltrevolution anzetteln, islamische Märtyrer werden von siebzig Jungfrauen erwartet...

Erfolgreiche Menschen versuchen also, sich eine Sache, mit der sie ständig zu tun haben, vertraut zu machen. Sie betrachten sie von verschiedenen Seiten, ziehen unterschiedliche Aspekte in Betracht und diskutieren diese auch mit anderen Menschen. Das hat zwei positive Folgen. Zum einen gehen Informationen, wiederkehrende Handlungen und verfestigte Wissenselemente in das System EINS über, zum anderen werden die Betreffenden sicher und selbstbewusst.

i)   Je häufiger desto lieb

Wenn man Hühnereier mit einem bestimmten Ton beschallt, dann haben die geschlüpften Küken weniger Stress, wenn sie diesen Ton hören. Wenn Menschen einander öfter begegnen (und sei es auch nur zufällig), steigt die Wahrscheinlichkeit, dass sie Freunde werden. Zumindest werden sie wahrscheinlich einander sympathischer finden. Die Einstellung zu Personen, Dingen und Sachverhalten ändert sich, wenn wir häufiger mit ihnen konfrontiert werden. Dieser als Mere-Exposure bekannte Effekt (allein durch den Kontakt, die Darbietung) betrifft Personen, Töne, Situationen, Musik. Die meisten Menschen hören Musik aus ihrer Jugend besonders gern, weil sie diese besonders häufig konsumiert haben. Auch viele Liebes-Beziehungen aus dem Arbeits-Umfeld sind auf den Effekt zurückzuführen, zumindest hat er einen Einfluss. Wer also möchte, dass andere Menschen etwas zunehmend positiv betrachten, sollte diesen Sachverhalt wiederholt darbieten. Was uns vertraut ist, wird uns sympathisch.

Die Werbe-Industrie macht sich zum Beispiel seit Jahrzehnten diese Tatsache zunutze, indem sie die potentiellen Käufer immer mit denselben Produkten konfrontiert. Wenn die Kaufwilligen dann im Supermarkt vor übervollen Regalen stehen, greifen sie auf die Produkte zurück, die sie bereits mehrere Male gesehen haben. Auch in Präsentationen und mündlich und schriftlich dargebotenen Texten lässt sich dieser Effekt nutzen. Wenn Redner oder Autoren Worte und Bilder verwenden, welche Hörer oder Leser nicht kennen, reagieren diese befremdlich. Wenn Menschen jedoch vertraute Bilder und Worte aufnehmen, finden sie diese sympathischer und – dies ist der schöne Nebeneffekt – beziehen dies auch auf jenen, der die Bilder und Worte verwendet. Für unsere eigene Entwicklung lassen sich diese Erkenntnisse nutzen, indem die für uns wichtigen Informationen, Handlungen, Tätigkeiten ständig wiederholt werden.

j)   Ich verstehe (falsch)

Obwohl das Gehirn geschaffen ist, um den Menschen vor Gefahren zu bewahren, in einer ihm nicht immer freundlich gesinnten Umwelt am Leben zu halten und die Gene weiterzutragen, versucht es immer auch, die Welt zu verstehen. Philosophen tun dies durch Nachdenken, Naturwissenschaftler durch Experimentieren. Relativ ernüchternd ist da die Erkenntnis, die bereits Platon vor mehr als zweitausend Jahren in seinem bekannten Höhlengleichnis umschrieb: Menschen sind offenbar nicht in der Lage, wirklich zu erkennen. Obwohl sie nur eine beschränkte und eingeengte Sicht auf die Welt haben, nehmen sie diesen Bruchteil aber für das Ganze und verallgemeinern.

Die Psychologie hat diesen grundsätzlichen Denkfehler bestätigt und gezeigt, dass Menschen der Illusion aufsitzen, sie könnten Zusammenhänge und das Ganze begreifen. Das Gehirn nimmt die wenigen Informationen, welche ihm die Sinnesorgane liefern können und tut so, als wenn diese alle wären, die vorhanden sind. Aus der Physik ist bekannt, dass die Sinnesorgane nur einen Bruchteil aller Informationen aufnehmen, die existieren – allein schon deshalb, weil mehr zum Überleben nicht notwendig sind. Mit der Illusion des Verstehens ist es aber noch nicht getan. Unser Gehirn ergibt sich ebenfalls der Fantasie, die Vergangenheit zu verstehen und demnach auch die Zukunft voraussagen zu können. Dass dieses Wunschbild existiert, kann man immer wieder an nicht eingetretenen Voraussagen so genannter Experten beobachten. Wirtschaftsweise, Börsenexperten, Club of Rome – all diese Fachleute genießen ein hohes gesellschaftliches Ansehen, weil alle denken: Wer viel Wissen auf einem Gebiet angehäuft hat, kann bessere Voraussagen treffen. Leider hat sich gezeigt, dass sie dies genauso gut oder schlecht können wie Laien – aus einem einfachen Grund: Die Welt ist viel zu komplex, ein Ereignis von zu vielen Gegebenheiten abhängig, als dass man voraussagen könnte, was geschehen wird. Verschärfend kommt hinzu, dass Experten, eben weil sie hohes Ansehen genießen, sich selbst überschätzen. Ein hohes Maß an Überzeugung ist aber noch lange nicht gleichbedeutend mit einem hohen Maß an Richtigkeit.

Erfolgreiche Menschen versuchen oft gar nicht erst, sich aufs Glatteis der Voraussagen zu begeben. Sie konzentrieren sich eher darauf, sich selbst voranzubringen, um auch in der Zukunft den äußeren Bedingungen gewappnet zu sein. Gleichzeitig ist ihnen bewusst, dass der Weg auch anders verlaufen kann, was sie davor bewahrt, allzu sehr zu trauern, wenn sie vom geplanten abweichen müssen.

k)   Ich verstehe (vor)schnell

Wie viele Tiere von jeder Art nahm Moses mit auf seine Arche? Diese kurze Frage löst oft Nachdenken aus, was jedoch gar nicht nötig wäre. Nicht Moses, sondern Noah sammelt Tiere, um sie vor dem gerechten Zorne Gottes zu schützen. Was geschieht hier? Das Gehirn möchte aus den bereits genannten Gründen das System ZWEI so wenig wie möglich belasten. Darum greift es – wann immer möglich – auf Automatismen zurück. Die Worte *Moses* und *Arche* gehören ohne Zweifel in einen Kontext, so dass keine Energie verschwendet werden muss, um darüber nachzudenken, ob beide in diesem speziellen Satz auch wörtlich zusammengehören. Die meisten Gehirne wenden sich also automatisch der Zahl der Tierpaare zu und haben den Widerspruch gar nicht als solchen wahrgenommen. Gehirne blenden also scheinbar Sicheres aus, haken es ab, denken nicht weiter darüber nach.

Besonders Politiker bedienen sich dieses Phänomens, wenn sie mit scheinbar richtigen, im Grunde aber unsinnigen Parolen und Forderungen um sich werfen, die bei Lichte betrachtet nicht zu realisieren sind. Sofortiger Atomausstieg und gleichzeitig Strompreise senken? Aber klar doch. Reichtum für alle und gleichzeitig Reichtum besteuern? Na, bitteschön! Besonders heikel wird es, wenn das System ZWEI bereits beschäftigt ist, wenn man es ablenkt, so dass nur noch ein geringerer Teil seiner Aufmerksamkeit überhaupt zur Verfügung steht. Erfolgreiche sind aufgrund dieser Tatsachen immer dann besonders vorsichtig, wenn es um wichtige Entscheidungen geht, die ihr eigenes Leben betreffen. Sie schalten Störquellen aus und – dies ist wichtig – suchen mehr und gezielt Informationen, bevor sie eine Entscheidung treffen. Zur Not vertagen sie und bitten um mehr Zeit, um den fraglichen Sachverhalt von verschiedenen Seiten beleuchten zu können und bei Bedarf den Rat von anderen Experten einzuholen.

Zusammenfassung

Psychologen wissen heute, dass das Unterbewusstsein bzw. das System EINS weitaus stärker das menschliche Denken und demnach seine Handlungen beeinflusst, als man bisher glaubte. Es ist für alle Aufgaben zuständig, die Menschen ohne bewusstes Nachdenken erledigen; es steuert so das Überleben. Das System ZWEI, das bewusste, kann sich nur auf eine Aufgabe richtig konzentrieren, es besitzt nur wenige Ressourcen und muss die wenigen aufteilen. Das führt dazu, dass Menschen Aufgaben nur dann effektiv erledigen, wenn sie diese nacheinander ausführen.

Eine zweite wichtige Erkenntnis über die Arbeitsweise des Gehirns betrifft die Wahrnehmung. Obwohl Menschen glauben, dass die Welt so ist, wie sie diese betrachten, gibt es eine Reihe von Verzerrungen. Diese spiegeln uns eine Realität vor, die dergestalt oft nicht existiert. Menschen nehmen Informationen fehlerhaft wahr und verarbeiten sie entsprechend ihrer individuellen Interessen. Sie fallen auf den Halo-Effekt herein und betrachten Reize unter dem Blickwinkel eines anderen. Zugleich urteilen sie häufig nach dem, was ihnen zuerst angeboten wird und legen diese Folie über die nachfolgenden Sinneseindrücke. Beim Urteilen und Beurteilen ziehen Menschen nicht nur vorschnell Urteile, sie beachten auch oft die Quelle der Informationen nicht und glauben, alle relevanten Informationen zu besitzen. Wer um die Funktionsweise der beiden Systeme und die verschiedenen Möglichkeiten verzerrter Wahrnehmung weiß, kann in einem ersten Schritt all diese Phänomene beobachten und sich bewusst machen. Im zweiten geht es dann darum, sie zu seinen eigenen Gunsten gezielt einzusetzen. Wie? Notwendige Informationsquellen anzapfen, auf eine Aufgabe konzentrieren, überflüssige Quellen ausschalten und den eigenen Weg konsequent gehen.

4.   Motivieren und das Gehirn auf Trab bringen

Es ist wie verhext – manchen Menschen gelingt scheinbar alles. Was sie anpacken, wird erfolgreich. Was sie sagen, wird Realität. Dann wieder gibt es die anderen, die einen schweren Packen auf dem Rücken mit sich herumschleppen. Nichts will so richtig gelingen, alles geht schief. Wo, verdammt noch mal, liegt der Unterschied? Woher bekomme ich Hilfe? Manch einer sucht sein Heil bei Motivationstrainern, ein anderer bei einem Coach. Beides kann helfen, muss nicht. In diesem Kapitel geht es um den Mythos Motivation, der als Schlüssel gilt, um auf die Seite der Erfolgreichen zu gelangen. Wie für all die anderen Kapitel gilt aber auch hier: Schnelle Rezepte zum noch schnelleren Nachkochen werden Sie nicht lesen, weil sie nicht existieren.

4.1 Was uns Gurus versprechen

Am Ende der neunziger Jahre brüllte der niederländische Bäckermeister Emile Ratelband Menschen einen Satz ins Ohr („Tsjakkaa, Du schaffst es!") und motivierte damit scheinbar mühelos andere Menschen, ihre Ängste zu überwinden oder Leistungsgrenzen zu überspringen. Ratelband ist heute verschwunden. Andere Motivations- und Erfolgstrainer, deren Namen ich hier aus verschiedenen Gründen lieber nicht nenne, sind nach einer Zeit der Flaute wieder da. Sie lassen die Menschen über glühende Kohlen laufen, den Tiger streicheln oder versetzen andere in Hypnose. Sie machen die Menschen glauben, dass Motivation von außen kommt, wenn man nur die richtigen Worte verwendet. Die Gründe, warum wir solch vereinfachenden Versprechungen glauben wollen, sind klar. Menschen, die den stetig wachsenden Anforderungen unserer Leistungsgesellschaft genügen wollen, fragen sich, woher die Motivation dafür kommen soll. Ein anderer Grund liegt darin, dass alle gern eine Abkürzung auf den Gipfel nehmen oder – besser noch – die Seilbahn.

Der dritte Grund hat mit den kürzer werdenden Abständen zu tun, denn das einundzwanzigste Jahrhundert ist zur Jetzt-hier-sofort-Gesellschaft geworden, in der alles jederzeit verfügbar ist. Die Menschen haben sich so sehr daran gewöhnt, dass es kaum noch jemandem auffällt. Wenn im Restaurant das Essen nicht nach zwanzig Minuten kommt, werden die Gäste nervös. Wenn die E-Mail nach sechs Stunden immer noch nicht beantwortet ist, rufen die Empfänger an und fragen nach. Wenn das Paket des Internetversenders nach zwei Tagen nicht da ist, bricht eine Katastrophe aus.

Um sich nun für all die täglichen Anforderungen zu wappnen und sich selbst zu motivieren, greifen manche auf Trainer zurück, die den schnellen Erfolg versprechen. Sehen wir uns an, wie diese vorgehen. Bei einigen von ihnen beginnt es schon mit einer unklaren Biografie. Da wird von umfangreichen Studien gesprochen, ohne nachzuweisen, wo und wann. Das Leben? Studieren wir alle täglich selbst. Bei fast allen steht am Beginn eine gar traurig anmutende Geschichte eines gefallenen Engels, der sich hochrappelte und nun seine Hochrappelungs-Strategien zum Besten gibt. Da gibt es zuhauf Gesetze, wahlweise des Erfolgs, des Glücks, des Reichtums, die man getrost auf den Müll kippen kann. Warum?

Das Leben jedes Einzelnen ist einfach zu individuell und zu komplex, als dass man daraus vereinfachende Gesetze ableiten könnte. Was alle Gurus eint, ist das Versprechen, ohne große Anstrengungen zum Erfolg zu gelangen. Dass dies nicht funktioniert, haben Milliarden Menschen bewiesen und beweisen es täglich neu. Wer mehr wissen will, lese das erhellende Buch eines wirklichen Fachmanns: Uwe Peter Kanning (Professor für Wirtschaftspsychologie): „Wie Sie garantiert nicht erfolgreich werden."

Wer hingegen wirklich erfolgreich werden will, kann sich dazu verschiedener Strategien bedienen, die wissenschaftlich untersucht wurden und die wir uns auf den nächsten Seiten ansehen werden. Vorab die vielleicht ernüchternde Erkenntnis: Mit markigen Sprüchen, glühenden Kohlen und dem unbändigen Willen, jetzt aber endlich, klappt es nicht. Es funktioniert hingegen, wenn man die richtigen Studien kennt und deren Resultate bewusst anwendet.

4.2 Zauberwort Motiv(ation)

Psychologen, sonst um keine Antwort verlegen, bestimmen Motivation eher vage mit Ersatzausdrücken wie Antrieb, Kraftquelle oder Tatkraft. Im Unterschied zu Trieben wie Hunger oder Sexualtrieb sind Motive vor allem psychisch bestimmt und daher auch – zumindest teilweise – erlernbar. Motive sind eine Sammlung verschiedener psychischer Vorgänge, die nicht ständig andauern, sondern sich immer wieder neu bilden (müssen). Hinzu kommt, dass sie von verschiedenen Einflüssen abhängen. Aus einer Vielzahl möglicher Motive haben sich drei zentrale herausgeschält: Leistung, Macht und Anschluss.

a) Leistungsmotiv

Im Zentrum unseres Interesses steht dieses Motiv, welches nach Untersuchungen bei US-Amerikanern und Deutschen besonders stark ausgeprägt ist. In den letzten Jahren haben führende Psychologen wie Heckhausen und McClelland Bedingungen erforscht, unter denen es Menschen gelingt, ein Leistungsmotiv zu entwickeln. Dazu hat die US-amerikanische Psychologin Carol Dweck Interessantes herausgefunden, was sehr eng mit Motivation zu tun hat. Sie machte zwei Arten von Selbstbildern ausfindig, also die Art, wie wir uns selbst sehen. Das eine ist eher statisch, das andere mehr dynamisch. Menschen mit statischem Selbstbild sehen die Ursachen für Erfolge oder Misserfolge bei anderen und außen. Sie wissen nicht, wie sie mit Niederlagen umgehen sollen, suchen nach Schuldigen, besitzen ein eher schwaches Selbstbewusstsein und sind der Auffassung, nicht sie selbst müssten sich nach der Welt richten, sondern die Welt müsse sich ändern – und zwar nach ihren Vorstellungen.

Menschen mit einem dynamischen Selbstbild beziehen hingegen Kraft und Motivation aus neuen Herausforderungen. Sie erleben Misserfolge ebenso schmerzhaft wie die eher statisch orientierten, lassen sich davon aber nicht unterkriegen. Sie wissen, dass Erfolg vor allem auf harter Arbeit beruht, darum schätzen sie auch jene Menschen, die sich Erfolg erarbeitet haben. Menschen mit dynamischem Selbstbild wollen nicht mit Macht an die Spitze; sie gelangen fast automatisch dorthin, weil sie lieben, was sie tun. Sie werden selbstsicher, wenn sie Herausforderungen meistern. Vor allem aber begreifen sie scheinbare Niederlagen als Möglichkeit, daraus zu lernen. Wer vom Leistungsmotiv vorwärtsgetragen wird, stellt vor allem eine Tätigkeit in das Zentrum des Interesses, nicht unbedingt das, was aus der Arbeit, dem eigenen Handeln folgt. Da ist zum Beispiel der gut verdienende Anwalt, der am Wochenende zwei Stunden an seinem Rennrad herumschraubt. Obwohl er das Rad in eine Fachwerkstatt geben könnte, möchte er selbst die Kette wechseln und selbst die Schaltung einstellen. Damit Leistungsmotivierte auch wirklich an eine Aufgabe herangehen, muss diese erkennbar mit ihrem eigenen Handeln in Zusammenhang stehen. Der Anwalt sieht also, dass er selbst es war, der das Rad wieder auf Vordermann bringen konnte. Wenn alles klappt, freut er sich – zu Recht – wie ein kleiner Junge über das, was er geschafft hat.

Psychologen unterscheiden zwei Teilgruppen von Menschen, die leistungsmotiviert sind. Die erste Gruppe, Erfolgsmotivierte, wird von berechtigten Hoffnungen auf Erfolge vorangetrieben, die andere versucht hingegen, Misserfolge zu vermeiden. Erfolgsmotivierte möchten ihre Leistungen verbessern und bevorzugen mittelschwere Aufgaben. Mittelschwer darum, weil sie genau wissen, dass sie diese mit Fleiß, Übung und Ausdauer auch bewältigen können. Misserfolgsmotivierte hingegen meiden Leistungs-Situationen (das schaffe ich sowieso nicht), sie schieben die Ursachen für ihre Misserfolge auf äußere Situationen. Kurioserweise suchen sie ganz leichte Aufgaben, die sie auf alle Fälle erledigen können, oder viel zu schwere. Damit aber werden sie nie das erhalten, was Erfolgsmotivierte am Ende spüren: ein tiefes Gefühl der Befriedigung über das Erreichte. Misserfolgsorientierte Menschen geraten in einen fatalen Kreislauf. Sie vermeiden Leistungssituationen, welche sie herausfordern könnten. Weil sie falsche Aufgaben wählen, scheitern sie oder machen keine positiven Erfahrungen. Indem sie die Gründe nach außen verschieben, werden sie unzufriedener und verfestigen ihr nicht gerade positives Selbstbild. Um diesen Teufelskreis zu durchbrechen, hilft nur, sich schrittweise höhere Aufgaben zu stellen, um Erfolgserlebnisse empfinden und vor allem auch genießen zu können. Diese wiederum dienen anschließend dazu, sich auch an die anderen Aufgaben zu wagen, die wieder ein kleines Stück schwerer sind als die vorangegangenen.

b)   Machtmotiv

Dieses Motiv findet sich vor allem bei Männern, was an unserer evolutionären Entwicklung liegt. Machtmotivierte interessieren sich in erster Linie nicht für eine Aufgabe, sondern Positionen und Hierarchien. Sie möchten ganz nach oben, die einflussreichste Stelle einnehmen und Kontrolle über andere Menschen ausüben. Wenn sie in Gruppensituationen Beiträge liefern, dann geht es ihnen nicht um den Inhalt. Sie wollen damit die anderen in ihrem eigenen Sinne beeinflussen. Wenn Machtmotivierte hingegen ihre eigene Meinung, ihre eigenen Ziele nicht durchdrücken können, empfinden sie das als Niederlage oder Demütigung und ziehen sich schmollend zurück. Nun haben verschiedene Untersuchungen an Affen und Menschen gezeigt, dass ein starkes Machtmotiv immer mit Stress verbunden ist, der ungesund ist. Machtmotivierte schlafen nicht nur unruhiger, in ihrem Blut kreisen auch häufig mehr Stresshormone, die der Körper bei Gefahr oder in einer Verteidigungs-Situation ausschüttet. Die berühmten Manager-Krankheiten sind also oft nicht auf Überforderung oder zu viel Arbeit zurückzuführen, sie basieren häufig auf den ungesunden Folgen des Macht-Motivs.

c)   Anschlussmotiv

Dieses Motiv findet sich naturgemäß häufiger bei Frauen als bei Männern. Anschlussmotivierte Menschen suchen gezielt die Geborgenheit in der Gruppe. Ihnen geht es vor allem um Harmonie und das Gefühl, unterstützt zu werden. Wenn Meinungsverschiedenheiten auftauchen, dann konzentrieren sie sich weniger auf den Inhalt als darauf, den Frieden wieder herzustellen.

4.3 Auf dem Weg zum Flow

Nun sind nicht bei jedem von uns alle Motive in gleicher Verteilung vorhanden, auch zwischen den Geschlechtern gibt es – wie gesehen – Unterschiede. Zugleich existieren drei Qualitätsformen der Motiviertheit, also des inneren Zustands, der aus der Motivation erwächst. Beginnen wir mit jenem, der das Wort Motivation bei Lichte betrachtet nicht verdient – der Willenshandlung. Wenn Menschen eine Tätigkeit ausführen, obwohl sie dazu gar keine Lust haben, sich aber aus irgendwelchen Gründen dazu zwingen (müssen), dann sind sie fast ausschließlich über ihren Willen motiviert. Diese Art der Motiviertheit beruht auf Zwängen, meist irgendeinem Druck von außen, auf Sachverhalten, die den Zielen des jeweiligen Menschen zuwiderlaufen. Eigentlich will er in der Sonne liegen und das Buch lesen, uneigentlich aber muss er den Rasen mähen. Eigentlich würde sie viel lieber tanzen gehen, uneigentlich aber muss sie bügeln. Klar ist, dass die Resultate, welche auf Willenshandlungen beruhen, meist nur dem Notwendigen entsprechen.

Eine zweite Form der Motiviertheit kommt ebenfalls von außen – der Fremdzweck. Er ist auf irgendeinen Lohn ausgerichtet, der von außen versprochen wird, wenn der Betreffende eine bestimmte Leistung vollbringt. Die solcherart – extrinsisch – motivierten Menschen handeln also ebenfalls meist entgegen der Ziele, die sie sich selbst gegeben haben. Das Kind bastelt, um ein Stück Schokolade von Mutti zu bekommen. Die Schülerin knobelt, um eine Eins zu erhalten. Der Ingenieur tüftelt, um lobende Worte vom Chef einzuheimsen oder mehr Gehalt zu bekommen. Bei näherem Hinsehen sind viele der scheinbar individuellen Ziele von außen vorgegeben: das Haus, welches unbedingt gebaut werden muss, die Karriere, die stetig aufwärts zu gehen hat, die Kinder, die man unbedingt zum Familienglück benötigt, das Auto, der Urlaub, der Verein…

Erst die dritte Form der Motivation ist die eigentliche, denn hier kommt kein Druck von außen, kein Ziel wird vorgegeben, kein Müssen oder Sollen. Der Mensch setzt sich ein Ziel und möchte es – unabhängig von seiner Umwelt – erreichen. Der intrinsisch Motivierte widmet sich einer Tätigkeit um ihrer selbst willen: Das Kind, das stundenlang bastelt. Die Schülerin, die die schwierige Aufgabe unbedingt lösen will. Der Musiker, der die höchst anspruchsvolle Passage beherrschen möchte. Der Ingenieur, der das Problem in den Griff kriegen will – wäre ja gelacht! Der Lohn ist bei allen gleich – das erreichte Ziel, der Erfolg an sich. Untersuchungen ergaben, dass bei intrinsisch Motivierten externe Belohnungen nicht nur überflüssig sind, sondern sogar schädlich sein können. Andererseits können bei so Motivierten die Leistungen durchaus verbessert werden, wenn die Belohnung als Information über die eigene Leistung gegeben wird. Nicht: „Wenn Du die Aufgabe löst, erhältst Du eine Eins", sondern: „Es ist mächtig kompliziert, diese Aufgabe zu lösen. Toll, wenn Du das schaffen würdest!"

Klar ist, dass meist nur jene Resultate, die auf der Basis intrinsischer Motivation entstanden, die besten sind, welche eine Person erreichen kann. Sie hat sich selbst ein Ziel gestellt, benötigt keinen Druck von außen und konzentriert demnach freiwillig alle verfügbaren Kräfte, um die Aufgabe bestmöglich zu lösen. Das Ziel aller Handlungen lautet also, auch jene, die von außen vorgegeben sind, so umzuwandeln, dass die betreffende Person sie als ihre eigene annimmt. Deutlich wird, dass Sprüche wie „Du schaffst es!" dies nicht erreichen werden, weil sie ausschließlich an den Willen appellieren; die eigentliche Arbeit wird mit Worten von außen noch lange nicht als die eigene anerkannt und mit den wirklichen Zielen verbunden.

Eine besonders starke und wirkungsvolle Form intrinsischer Motivation beschrieb der gebürtige Ungar Mihaly Csikszentmihalyi. Der Psychologe und Künstler fragte sich vor mehr als fünfzig Jahren, warum Kunststudenten während des Malens in eine Art Trance fielen und das fertige Bild anschließend kaum noch eines Blickes würdigten. Er fand ein erstaunliches Motiv, das neben Künstlern auch Bergsteiger, Wissenschaftler, Sportler, Unternehmer und Erfinder antreibt, die ganz von einer Aufgabe, ganz von einem Ziel gefangen sind. Alle gingen völlig in ihrer Tätigkeit auf, alle waren dabei hoch konzentriert, alle wussten in jedem Augenblick, was zu tun ist und vergaßen dabei, was um sie herum geschieht. Alle empfanden ein erhabenes Glücksgefühl und beschrieben einen Zustand, als wären sie von einer Strömung getragen. Darum nannte Csikszentmihalyi diesen Zustand Flow.

Genau dieses Gefühl ist es, das Bergsteiger antreibt, auch den letzten Achttausender zu bezwingen, das Wissenschaftler die ganze Nacht im Labor festhält und junge Geiger die Kinderspiele ihrer Kameraden vergessen lässt, um zu üben, zu üben, zu üben… Der US-amerikanische Psychologe mit dem fast unaussprechlichen Namen hat Äußerungen verschiedener Menschen notiert, die den Zustand des Fließens gut kennen und demnach auch **beschreiben** können:

Ein Chirurg: „Bei einem guten operativen Eingriff ist alles, was man tut, wesentlich, jede Bewegung ist absolut richtig und notwendig; da ist Eleganz, nur wenig Blutverlust, minimales Trauma (…). Das ist sehr angenehm, v. a. wenn das Team reibungslos und effizient zusammenarbeitet.“

Der Dichter Richard Jones beim Schreiben: „Ich habe das Gefühl, dass da Energie durchläuft, und ich blockiere sie nicht und setze ihr nichts entgegen. Eine sehr intelligente Energie fließt durch den Körper, wenn man schreibt, und es ist die Energie, die sich konzentriert und umgesetzt wird, nicht der Geist. Flow tritt ein, wenn ich es dem Schreiber in mir nicht gestatte, sich ins Schreiben einzumischen. Und wie mische ich mich ein? Ich fange an nachzudenken.“

Der Dichter Marvin Bell: „Habe ich die Situation mehr oder weniger unter Kontrolle, wenn ich im Flow bin? Ich denke nicht darüber nach. Ich bin außerhalb dieser Welt. Habe ich eher die Kontrolle über die andere Welt? Ich würde es nicht als Kontrolle bezeichnen, denn es ist eine Selbstgewissheit, die daher rührt, dass man sich dem Material überlässt, anstatt darüber zu bestimmen. Natürlich übe ich ‚Kontrolle‘, indem ich Entscheidungen treffe, aber die Maxime für meine Entscheidungen ist eher poetisch als pragmatisch.“

Zwei Frauen aus den italienischen Alpen, beide über siebzig: „Ich bin frei bei meiner Arbeit, weil ich tue, was ich will. Wenn ich etwas heute nicht erledige, mache ich es morgen. Ich habe keinen Chef. Ich bin mein eigener Chef. Ich habe mir meine Freiheit erhalten und habe dafür gekämpft. (…) Das gibt mir große Befriedigung. Draußen sein, mit den Leuten reden, bei meinen Tieren sein… Die ganze Natur ist eine große Gemeinschaft; man sieht jeden Tag, wie sich in der Natur etwas verändert. Man fühlt sich rein und glücklich, nur schade, dass man müde wird und nach Hause muss…“

Betrachtet man die unterschiedlichen Beschreibungen dieses fließenden Zustands, dann lassen sich zentrale Kriterien ausmachen, die für Flow zutreffen. Zuerst einmal muss ein genau definiertes Ziel festliegen, das die betreffende Person auch erreichen kann. Es nützt nichts, wenn ein Mensch mit Lese-Rechtschreib-Schwäche berühmter Autor und ein zutiefst Unmusikalischer Solist auf der Stradivari werden möchte. Wer will, was ihm möglich ist, wird schnell auch die positive Rückkopplung bekommen: Der Wille führt zu kleinen, dann zu größeren Erfolgen. Diese wiederum bestärken den Willen, genau dieses Ziel zu erreichen.

Die nächsten Kriterien für Flow ergeben sich aus diesen: geschärfte Aufmerksamkeit und Konzentration auf die bevorstehende Aufgabe, woraus wiederum ein (positives) Gefühl der Kontrolle erwächst. Im Zustand des Flow wiederum verändert sich das Zeitgefühl, und der Betreffende versinkt voll und ganz in der Aufgabe. Csikszentmihalyi nennt Personen, die geradezu prädestiniert sind für Flow, autotelisch, also selbstzweckhaft bzw. unabhängig. Sie führen Tätigkeiten ausschließlich um ihrer selbst willen aus und nicht, weil ihnen von außen ein Ziel vorgegeben wurde. Das Beste daran ist: Wer eine Arbeit um ihrer selbst willen erledigt, bringt optimale Ergebnisse. In Kurzform kann man sagen, dass sich autotelische Personen wie folgt auszeichnen. Sie

- sind in der Lage, alle anderen Aktivitäten aus der Peripherie herunterzufahren, um sich ausschließlich auf die eine zu konzentrieren,

- verwandeln objektiv schlechte Erfahrungen in subjektiv kontrollierbare,

- konzentrieren sich nicht mehr auf sich selbst als Person, sondern verlagern die Aufmerksamkeit auf die Objekte, mit denen sie sich beschäftigen, mit denen sie ihre ganz eigenen Ziel realisieren wollen.

Wie kann man sich nun selbst intrinsisch motivieren und diesen Zustand womöglich über Jahre aufrechterhalten? Wie ist es zu schaffen, sich selbst in eben jenen Zustand des Flow zu versetzen, um ebenso ein ähnliches Glücksgefühl erleben zu können und daraus Kraft für das ganz Alltägliche zu schöpfen? Indem Menschen eine Fähigkeit aktivieren, die sie von Tieren unterscheidet und trotzdem von Psychologen und auch so genannten Motivationstrainern weitgehend ignoriert wird: die Zukunftsorientierung. Seien wir mal ehrlich! Die meisten Menschen üben einen Beruf aus, an den sie durch irgendeinen Zufall geraten sind. Die gewünschte Ausbildung war nicht zu haben, also nehme ich die andere. Eigentlich wollte ich ja Konditor werden. Nun bin ich Koch und gar nicht so richtig zufrieden. Der gewünschte Studiengang war mit numerus clausus bis in alle Ewigkeit belegt, dann studiere ich eben etwas anderes.

Eigentlich wollte ich Ärztin werden. Nun sitze ich in einer Kanzlei und bin eine relativ erfolglose Anwältin... Nur die wenigsten machen genau das, was sie antreibt, was ihnen Spaß macht, was sie Zeit und Raum vergessen lässt. Das aber lässt sich mit einigen Schritten ändern:

Zuerst muss man sich klarmachen, worin die ganz persönlichen, von Umwelteinflüssen und Einflüsterungen unabhängigen Ziele liegen. Dieser Schritt ist schwer und erfordert Denk- und Überwindungsarbeit plus Ehrlichkeit gegenüber sich selbst. Will ich wirklich eine Villa, einen Porsche und Swimming-Pool? Will ich nicht lieber fünf Jahre nach Afrika gehen? Oder Bücher schreiben? Oder Mode entwerfen? Im zweiten Schritt geht es darum, sich das Ziel in allen Facetten so vorzustellen, als wenn man es bereits erreicht hätte: Wie und mit wem werde ich leben, mit wem werde ich arbeiten, wie sieht mein ganz alltäglicher Alltag aus? Vor allem aber: Was werde ich dabei empfinden, wenn ich mein Ziel erreicht habe?

Wer die letzte Frage mit „Glück!" beantwortet, der ist bereits auf dem richtigen Weg, intrinsisch über eine lange Zeit motiviert zu sein – Rückschläge und schiefe Blicke missachtend. Erst dann aber, wenn man weiß, wo die individuellen Ziele liegen und wie diese aussehen und sich anfühlen, ist es möglich, den Weg dorthin (motiviert) mit allen Einzelhandlungen zu beschreiten. Rückschläge werfen dann nicht zurück, sondern wirken als zusätzliche Kraftquelle (Jetzt erst recht!).

Nun ist es noch wichtig, sich kleine, manchmal ganz kleine Zwischenziele zu stellen, die bereits in einer Stunde, an einem Tag oder spätestens in einer Woche zu erreichen sind. Das Gehirn belohnt uns dann mit einer Erfolgsmeldung und einem zusätzlichen Schub an Motivation. Es schüttet sogar körpereigene Drogen aus, die Glücksgefühle hervorrufen und uns so zusätzlich motivieren. Dann bedarf es auch keiner Motivations-Gurus mehr, die lediglich versuchen, von außen nach innen zu wirken. Dann sind Menschen intrinsisch motiviert und bereits auf dem besten Wege, eines Tages Flow genießen zu können.

Besonders ein Begriff wird von Menschen, welche diesen Zustand erleben, immer wieder genannt: Befriedigung. Hier liegt der Schlüssel für Motivation, die ein ganzes Arbeitsleben hält. Der Arbeitende muss eine Tätigkeit ausüben, die ihn befriedigt, ausfüllt, in der er einen Sinn sieht. Untersuchungen haben gezeigt, dass jede Arbeit potentiell dazu in der Lage ist, Flow zu generieren, sie muss nur zum Individuum passen. Wenn der eine (ich zum Beispiel) ganz gefangen ist von einem Text, den er gerade schreibt, dann empfindet ein anderer diese Tätigkeit als aufgezwungen, bedrückend, ein ungeliebtes Muss. Ein Gespräch, das ich kürzlich mit einer Beamtin führte, gibt einen Hinweis, warum viele von uns ihre Arbeit nie als befriedigend empfinden werden: Arbeit und Person passen ganz einfach nicht zusammen. Sie, noch keine dreißig, arbeitet als Rechtspflegerin. Als Begründung für ihre Berufswahl gibt sie an: Sicherheit durch Beamtenstatus…

Wer Flow erleben möchte, sollte zugleich lernen, sich wieder an den kleinen Dingen des Alltags, die auf dem Weg zum Ziel geschehen, bewusst zu freuen. Das bezieht sich ebenso auf so schrecklichen Sachen, die unseren durchorganisierten Alltag stören: Regenschauer, verspätete Bahn, stockender Verkehr, Schlange an der Kasse… Der Regen wird umgedeutet als Zeichen, dass ich noch am Leben bin und Wasser empfinde. Menschen in Wüsten würden Luftsprünge machen, wenn Wasser vom Himmel fiele. Die verspätete Bahn lässt mehr Zeit, eine neue Bekanntschaft zu schließen oder das Buch weiterzulesen, im Stau kann ich in Ruhe der Hör-CD lauschen, in der Schlange an der Kasse Gedächtnis oder Menschenkenntnis trainieren. Dinge, die Menschen nicht ändern können, müssen also aus einer anderen Perspektive betrachtet werden. Sonst bestimmen sie den Alltag und lassen zu, dass negative Emotionen die Oberhand gewinnen.

4.4 Schritte zum Erfolgsgehirn

Erfolg beruht auf Durchhaltevermögen. Das ist so, wenn Menschen ein Instrument lernen, ein Unternehmen zum Erfolg führen, ihre Kinder bis zum guten Schulabschluss bringen, ein Team leiten… Nun gibt es einige „Wahrheiten" und Vorurteile, die manch einen daran hindern, erfolgreich zu sein. Eine dieser „Wahrheiten" ist jene vom statischen Gehirn. Das Gehirn, so die gängige Meinung, ist ab einem bestimmten Alter vollständig ausgebildet und lässt sich nicht mehr verändern. Es baut nur noch ab – langsam und stetig. Diese „Wahrheit" muss immer wieder für Entschuldigungen, Ausflüchte und Ausreden herhalten. Ich kann ja nichts dafür, mein Gehirn ist halt so gepolt. Die anderen, ja, die haben doch das Gewinner-Gen, das Erfolgsgehirn, das ist denen doch in die Wiege gelegt worden. Dass Gehirne eben nicht starr sind, sondern sich permanent verändern, hat man mehr durch einen Zufall denn durch gezielte Untersuchungen erkannt. Ein kalifornischer Ohrenarzt machte nämlich eine erstaunliche Entdeckung. Er hatte einigen Patienten, die taub geworden waren, ein künstliches Innenohr verpasst. Anfangs konnten die Betroffenen natürlich nicht unterscheiden, was sie da hörten, denn Gerät und Mensch mussten erst zueinander finden. Genau dies geschah aber. Das Gehirn nahm die Töne auf, die von außen kamen und durch das künstliche Innenohr weitergeleitet wurden. Anfangs waren diese Impulse unverständlich, die Graue Masse konnte keinen rechten Sinn in sie legen, weil sie noch an die Signale des gesunden und natürlichen Innenohres gewöhnt war. Innerhalb eines Jahres aber baute sich das Gehirn um und lernte, die neuen Signale zu entziffern und zu verstehen. Die Patienten waren nach zwölf Monaten so weit, dass sie sogar wieder verstehen konnten, was andere Menschen sagten. Dies ist eine grandiose Leistung, denn was unser Ohr hört, sind keine einzelnen Laute und Worte, es ist ein stetiger Strom akustischer Informationen, und aus diesem muss das Gehirn erst einmal die einzelnen isolieren.

Die Ergebnisse mit dem künstlichen Innenohr führten andere Forscher dazu, weitere Untersuchungen anzustellen. Das Resultat hat einen fantastischen Namen: Neuroplastizität. Dass sich unser Gehirn ändert, anpasst und umbaut, hat man mittlerweile durch mehrere Versuche nachweisen können. Wie gut es dies tut, hängt wesentlich von den Interessen des Gehirns und seines Besitzers ab. Wenn kein Interesse vorhanden ist, können Reize das Gehirn unter Beschuss nehmen, es wird sich nicht ändern. Ganz anders reagiert es, wenn der Gehirnbesitzer aufgeschlossen und interessiert ist – es formt sich so um, wie sein Besitzer dies beabsichtigt.

Eine andere Tatsache, die mit der Plastizität verbunden ist, hat man ebenfalls mehrfach nachweisen können. Wenn Kinder Interesse am Geigespielen haben und intensiv üben, dann wird sich ein Gebiet im Gehirn besonders gut herausbilden, jenes, das für die Finger der linken Hand zuständig ist. Londoner Taxifahrer, die den gesamten Stadtplan im Kopf haben müssen, hat man untersucht. Es zeigte sich, dass das Areal fürs Navigieren und das Gedächtnis viel besser ausgeprägt waren als bei anderen Leuten. Menschen, die erblinden und anschließend die Blindenschrift lernen, vergrößern auch einen bestimmten Bereich in ihrem Gehirn – nämlich jenen, der für den

Tastsinn der Fingerkuppen notwendig ist. Eine Zwischenfrage: Haben Sie schon einmal versucht, zum Beispiel auf einer Medikamentenpackung, die einzelnen Punkte der Blindenschrift voneinander zu unterscheiden? Es ist fast unmöglich, weil der entsprechende Bereich unseres Gehirns nicht geschult ist.

Es gibt eine weitere Eigenschaft, die ich bis vor kurzem noch für unmöglich hielt, welche aber nachgewiesen ist. Das Gehirn ändert sich nämlich nicht nur, wenn Menschen Geige spielen, ohne Stadtplan Taxi fahren oder jeden Tag zwanzig Vokabeln lernen. Es ändert sich auch, wenn sie denken, fühlen, handeln. Wenn also ein Pessimist jeden Tag pessimistische Gedanken denkt, wird sein Gehirn diese festigen und ihm die pessimistischen Gedanken ins Bewusstsein zurückgeben. So beginnt ein Teufelskreis, der sich auf eine kurze Formel bringen lässt: Pessimismus verstärkt Pessimismus. Andersherum funktioniert es aber genauso gut. Optimismus und positive Gedanken verstärken Optimismus und positive Gedanken. Einige Leser werden jetzt vielleicht an „Positives Denken" denken, das ist richtig. Allerdings sollte man hier differenzieren und vorsichtig sein. Positives Denken kann nämlich auch schaden.

Viele haben die Bücher von Dale Carnegie, Joseph Murphy und anderen Heroen des Positiven Denkens auf dem Nachttisch liegen. Die Gefahr an dieser scheinbar leicht verstandenen Form des Positiven Denkens sind die Versprechungen, die fast nicht einzulösen sind. Nach dem Lesen fliegt das Buch in die Ecke, der nun höchst motivierte Leser weiß, dass es an ihm ganz allein liegt, erfolgreich zu werden und will starten. Die Rückschläge kommen sehr schnell, denn wir alle leben ja nicht unabhängig und außerhalb der übrigen Welt. Die Autoren tun so, als wenn alle Menschen gleich wären, als wenn es keine Unterschiede in den Bereichen Intelligenz, Herkunft, emotionale Stärke gäbe. Wenn dann nicht funktioniert, was die Autoren versprechen, ist der Frust oft noch größer als vor dem Lesen. Nicht der Autor, sondern ich selbst muss ja schuld sein, wenn es nicht funktioniert. Darum haben solche Bücher gerade bei depressiven Menschen den gegenteiligen Effekt – die Leser werden noch depressiver.

Hinzu kommen Untersuchungen, die bereits vor mehr als zehn Jahren Resultate brachten, die den Aussagen der genannten Autoren widersprechen. Es hat wenig bis gar keine Wirkung, wenn man sich jeden Tag positive Sätze sagt. Vielmehr kommt es darauf an, etwas Positives zu sagen, wenn man scheitert, verliert, einen nicht geplanten Weg gehen muss. Dabei ist es natürlich wichtig, das Positive nicht nur zu formulieren, sondern es auch wirklich so zu meinen. Wer also nach einem Bewerbungsgespräch den gewünschten Traumjob nicht bekommen hat, konnte sich in Bewerbungsgesprächen üben. Wer eine Prüfung verhauen hat, ruft sich die Fehler in der Vorbereitung ins Gedächtnis und kann diese beim nächsten Mal ausmerzen.

Halten wir fest: Die Ausrede, dass unser Gehirn so aufgebaut ist wie es ist, gehört ins große Reich der bequemen Ausreden. Alle Menschen können ihr Gehirn verändern und auch durch ihre Denkweise auf Optimismus und Erfolg trimmen. Leider geht dies nicht ganz so einfach, wie die Propheten des Positiven Denkens glauben machen wollen. Es geht aber, stetig und kontinuierlich. Wie? Nicht mit esoterischen Glaubensgrundsätzen oder flotten Sprüchen, sondern Resultaten wissenschaftlicher Untersuchungen. Sie wurden bei erfolgreichen Künstlern, Sportlern, Wissenschaftlern, Selbstständigen nachgewiesen. Einige wirken zwar isoliert von den anderen, so richtig gut aber wirken sie zusammen. Sehen wir uns darum an, welche dieser Strategien Neurologen und Psychologen bei erfolgreichen Menschen gefunden haben.

a)   Erkenne Dich selbst!

Dieser Satz ist bereits mehrere Jahrhunderte alt. Welcher Mensch ihn zuerst äußerte, ist nicht bekannt. Die Mythologie schreibt ihn dem griechischen Gott der Heilung, des Lichts, Frühlings und der Mäßigung zu – Apoll. Neuerdings ist er auch allgegenwärtig in der Esoterik-Literatur, bei Persönlichkeits-Coaches und in allem, was der persönlichen Entwicklung gut tut. Nun, all jene, die den Satz verwenden, haben nicht Unrecht mit ihrer Forderung. Bevor Menschen nämlich etwas ändern können, müssen sie im ersten Schritt klären, wo sie überhaupt stehen. Nur wer den Ist-Zustand kennt und sein Ziel, kann den Weg dorthin bestimmen und die einzelnen Wegmarken setzen.

Klingt plausibel, ist es auch. Allerdings ist es nicht so leicht umzusetzen, denn ein Phänomen, das wir bereits kennen, spricht dagegen: Eigenbild. Alle haben meist ein besseres Bild von sich selbst als andere. Um nun ein halbwegs objektives zu bekommen, lassen sich im ersten Schritt Fragen beantworten, welche Jeff Brown und Mark Fenske ausgearbeitet haben. Zuerst versetze ich mich in eine Person, der ich vertraue. Wie würde meiner Meinung nach diese Person die Fragen beantworten? Anschließend beantworte ich die Fragen aus meiner Sicht. Je weniger Unterschiede, umso besser stimmen Eigen- und Fremdbild überein. Hier die Fragen:

1. Würdest du mir ein Geheimnis anvertrauen?

2. Könntest du mich in einer Notsituation zu Hilfe rufen?

3. Welcher Faktor macht mich am deutlichsten zu einem guten Freund?

4. Verzeihe ich schnell, oder bin ich eher nachtragend?

5. Was sagt meine nonverbale Sprache anderen?

6. Bin ich eher optimistisch oder pessimistisch?

7. Welches meiner Gesprächsthemen nervt dich?

8. Woran merkst du, dass ich mich unwohl fühle oder nervös bin?

9. Welches einzelne Wort beschreibt mich deiner Meinung nach am besten?

Wenn man herausgefunden hat, ob und wie weit Eigen- und Fremdbild voneinander entfernt sind, ist die Selbsterkenntnis noch nicht beendet. Bitten Sie einen (wirklich) guten Freund, nach Möglichkeit sogar mehrere, Sie zu beschreiben. Dazu können Sie die Fragen natürlich nach Belieben erweitern. Je mehr Aspekte Sie erfragen, umso klarer wird das Bild. Dazu ein Buchtipp: Siegfried Gsell: „Selbstbild – Fremdbild".

b) Scheuklappe und Laser

Auch wenn einige LeserINNEN mir jetzt vielleicht an die Gurgel wollen, stelle ich eine wichtige Erkenntnis an den Beginn. Nein, auch Frauen sind nicht multitaskingfähig. Das sage zwar ich, bewiesen haben es jedoch andere. Der Grund ist einfach. Unser Gehirn kann nur mit zwei Prozent seiner Zellen arbeiten, weil sonst der Vorrat an Glukose, also dem Gehirn-Benzin, zu schnell aufgebraucht wäre. Multitasking beschreibt nun die angeblich bei Frauen besonders ausgereifte Fähigkeit, mehrere Dinge gleichzeitig tun zu können. Bei oberflächlicher Betrachtungsweise mag das zwar so aussehen, aber auch das weibliche Gehirn muss die vorhandenen Ressourcen aufteilen. Das Ergebnis ist manchmal nicht lustig. Wenn Menschen mehrere Aufgaben gleichzeitig erledigen, erledigen sie keine richtig. Wenn es darum geht, das Kind zu erziehen, gleichzeitig dem Gatten die Bierflasche wegzunehmen und mit der Freundin zu telefonieren, mag das noch angehen. Bei wirklich bedeutenden Dingen jedoch kann es sogar gefährlich werden. Wer zum Beispiel während der Autofahrt telefoniert (auch mit einer Freisprech-Einrichtung), übersieht die Hälfte der Dinge, die ein konzentrierter Fahrer sieht. Dies gilt auch für die FahrerIN. Wer hingegen an einer Aufgabe sitzt und alle anderen Einflüsse und Störgrößen weitgehend ausgeschaltet hat, erledigt eine Aufgabe schneller und vor allem in höherer Qualität. Wenn man dabei dauernd unterbrochen wird, muss das Gehirn ständig neu Anlauf nehmen, um sich wieder voll und ganz auf diese eine Aufgabe zu konzentrieren – ganz zu schweigen, dass man so bis zu fünfzig Prozent mehr Fehler macht.

Schalten Sie also am Computer die Musik aus, lassen Sie nur ein Programm laufen, beenden Sie das E-Mail-Programm und schalten Sie, wenn's geht, auch den Anrufbeantworter an und das Handy aus. Dies alles klingt in unserer Gesellschaft voller Kommunikationsgeräte unzeitgemäß und unnötig. Wir – und erst recht unsere Kinder – glauben, alle Medien gleichzeitig bedienen zu können. Untersuchungen belegen das Gegenteil. Ein hilfreiches Buch zu diesem Thema hat Miriam Meckel geschrieben, der Titel spricht für sich: „Das Glück der Unerreichbarkeit. Wege aus der Kommunikationsfalle".

Der erste Schritt, um das Gehirn auf Trab zu bringen, besteht also darin zu fokussieren, sich auf eine Sache zu konzentrieren. Das bezieht sich aber nicht nur auf die Tätigkeit, die augenblicklich zu erledigen ist, es bezieht sich auch auf mittel- und langfristige Projekte. Wer immer mal wieder etwas Neues beginnt, wird in keiner Sache gut werden und Erfolg haben. Man sieht überall Menschen, die viel zu schnell aufgeben, weil der große Durchbruch nicht nach vier Wochen sichtbar ist. Die erfolgreichen Menschen, egal ob angestellt, selbstständig, Wissenschaftler, Arbeiter, Manager… lassen sich nicht von ihrem Weg abbringen, den sie einmal als richtig erkannt haben – für sich richtig, nicht für die anderen.

Hier zwei von vielen Beispielen aus Wissenschaft und Technik: Paul Ehrlich, deutscher Chemiker und Arzt, erhielt den Nobelpreis. Dieser fiel ihm nicht in den Schoß, sondern war Ergebnis harter Arbeit. So testete, forschte und untersuchte Ehrlich meist bis in die tiefe Nacht im Labor. Weil er dabei Unmengen von Proben färbte, um zu sehen, wie sie reagieren, brachte ihm sein unermüdliches Suchen den schönen Satz ein: „Ehrlich färbt am längsten." Thomas Alva Edison brauchte mehrere Jahre und viele hundert defekte Prototypen, bis es ihm gelang, eine Glühlampe zu entwickeln, die eintausend Stunden hielt. Vor den Erfolg haben die Götter bekanntlich den Schweiß gesetzt. Die wenigen Ausnahmen, welche es gibt, sind verschwindend gering zur übergroßen Mehrheit der anderen, die Jahre und Jahrzehnte an ihrem Erfolg arbeiteten. Trösten Sie sich – es geht allen Menschen so.

Wer also wirklich erfolgreich sein will, muss sich, seine Tätigkeiten und sein Gehirn ausrichten und Scheuklappen ausfahren. Dazu gehört auch, bewusst auszusortieren und den Laser anzustellen. Das beginnt schon bei den Medien. Die alte Journalisten-Weisheit, nach der nur die schlechten Nachrichten gute Nachrichten seien, bestimmt heute die Auswahl in allen Medien. Unser evolutionäres Erbe lässt nun das Gehirn besonders aufhorchen und aufmerksam werden, wenn es Negativmeldungen hört, denn diese bedrohten früher das Leben. Im Gegensatz zum Leben in der Savanne betreffen die allermeisten Negativmeldungen uns aber heute gar nicht mehr, und wir können auch nichts daran ändern. Beobachten Sie, liebe Leserinnen und Leser, wie viele Informationen Sie pro Tag aufnehmen, mit denen Sie nichts anfangen können, die Ihnen die Laune verderben und normalerweise nur Zeit kosten. Besser noch: Schreiben Sie diese nutzlosen Informationen auf. Als Beispiel dafür die Schlagzeilen der Tagesschau von einem Tag. Ergänzen Sie bitte die Tabelle:

Meldung	positiv	negativ	neutral	nützlich	unnütz
Anschlag in Toulouse					
Amtsantritt Bundespräsident					
Spitzenkandidatur der Grünen					
Warnstreiks im Öffentlichen Dienst					
Schlecker Zukunft					
Kontrolle über Schattenbanken					
Syrien-Konflikt					
Proteste im Iran					
Apple zahlt Dividende					
Tornado in Oklahoma					

Mal ehrlich: Können wir etwas daran ändern, dass Politiker unsere Steuergelder für sinnlose Projekte ausgeben, dass irgendwo auf der Welt ein Erdbeben stattfindet, dass Fußballer Schwerverdiener sind, dass es Sozialschmarotzer gibt, dass… Nein, daran kann man nur wenig ändern. Zumindest nicht so, wie wir dies gern hätten. Das heißt nicht, dass man sich komplett abschotten sollte, es bedeutet nur, störende Quellen zu erkennen, auszuschalten, abzuschalten. Dazu ein kleines Rechenbeispiel: Wenn ein Mensch pro Tag fünfzehn Minuten Zeitung liest und fünfzehn Minuten Nachrichten sieht, dann sind das pro Tag schon 30 Minuten. In sieben Tagen kommen schon fast 3 ½ Stunden zusammen. Wenn dieser Mensch nun noch jeden Abend einen Film konsumiert (90 Minuten), dann sind das pro Woche 840 Minuten – macht unterm Strich 14 Stunden. Das sind ein-einhalb Arbeitstage!

Auch wer den Medienkonsum einschränkt, kann immer noch durch andere Quellen abgelenkt werden. Dann sollte man sich zuerst bewusst werden, überhaupt abgelenkt zu sein. Dann geht es im zweiten Schritt darum, die störenden Faktoren zu beseitigen, den Start für den Neuanfang festzulegen und auf Details zu achten, die vorher unsichtbar waren. Auch andere Hilfsmittel haben sich bewährt: Listen abarbeiten, auf denen brandheiße, wichtige, weniger wichtige und unwichtige Aufgaben stehen. Oft helfen auch zwei Strategien, die ich seit Jahren erfolgreich anwende. Wenn ich mich an einer Aufgabe festgebissen habe und zu keiner Lösung komme, heißt es ganz einfach loslassen. Mittlerweile ist klar, dass es überhaupt nichts bringt, auf Krampf etwas zu wollen, das Unterbewusstsein wird es schon richten. Damit das große und fleißige System EINS diese Arbeit aber auch leisten kann, sollte man es zuvor jedoch infizieren – mit einer Aufgabe, einer Herausforderung. Dann überlässt man ihm die Aufgabe und beschäftigt sich bewusst mit etwas anderem. Neuere Untersuchungen beweisen, dass das Unterbewusstsein wirklich gute Arbeit dabei leisten kann, denn es verfügt über phänomenale Fähigkeiten.

Wie lässt es sich für unsere Belange einspannen? Indem man nicht mehr an die Aufgabe denkt und erst dann zupackt, wenn die Idee an die Oberfläche dringt. Dies geschieht meist dann, wenn man am wenigsten damit rechnet. Dann ist gut beraten, wer ein Diktiergerät oder zumindest einen Zettel parat hat, um den ans Tageslicht sich kämpfenden Gedanken festzuhalten. Hindern Sie aber um Himmels Willen auch die scheinbar verrückten nicht daran, hervorzutreten. Gestatten Sie gerade den außergewöhnlichen Ideen, die gewöhnlichen in den Schatten zu stellen. Wer die innere

Schere im umhäkelten Futteral lässt und die Zweifel, angelernte und übernommene, souverän in den Papierkorb wirft, wird zu bisher ungedachten Gedanken kommen.

c)   Die guten ins Köpfchen, die schlechten gar nicht erst beachten

Eng mit den Scheuklappen und dem Laserstrahl hängt eine andere Handlungsweise von Erfolgreichen zusammen. Sie speichern die bereits vorsortierten Fakten nicht einfach wahllos. Sie speichern auch nicht alles. Sie besitzen bereits einen Fundus, den sie gezielt erweitern. Die Betonung liegt hier auf gezielt. Es geht also darum, sich der allgegenwärtigen Informationsflut vorsätzlich zu entziehen und gezielt wenige Informationsbächlein anzuzapfen, um sich genau mit jenen Mitteilungen zu versorgen, die wichtig sind. Dann werden diese wenigen, aber wertvollen Informationen mit den bereits vorhandenen verbunden.

Zur Untermauerung dieser Behauptung Resultate von Untersuchungen. Man nimmt an, dass sich das Wissen der Menschheit, welches sie seit ihren Anfängen gesammelt hat, heute binnen fünf bis sechs Jahren verdoppelt. Die zweite erstaunliche Tatsache: Heute stehen uns vierzigmal mehr Informationen zur Verfügung als der Generation um 1950. Dazu passt das eher kuriose, dafür aber sehr anschauliche Resultat einer anderen Untersuchung. Ein normaler Mensch im 17. Jahrhundert vom Land, der also von der Geburt bis zum Tod vor allem im engeren Umfeld seines Dorfes lebte, nahm während seines gesamten Lebens Informationen auf, die heute eine BILD am Sonntag füllen. Wohlgemerkt geht es hier um die Menge, nicht den Inhalt. Wer also strikt die Scheuklappen ausfährt und sich auch sonst sehr selektiv verhält, entwickelt sich unweigerlich zu einem Spezialisten.

Das hört sich im ersten Moment vielleicht nach Fachidiot an, hat aber große Vorteile. Weil unsere Welt viel zu kompliziert ist, um von vielen Gebieten Ahnung zu haben, vertrauen Menschen fast nur noch Spezialisten. Wenn jemand vorgibt, Autos, Motorräder, Schiffsmotoren und Computer reparieren zu können, werden die anderen misstrauisch. Wenn der Computer nicht mehr will, gehen die meisten zum Computer-Spezialisten. Und wenn das Auto streikt, in die Auto-Werkstatt. Menschen vertrauen Spezialisten, weil die sich spezialisiert haben.

d) Gefühle im Lot

Wir alle haben sie, jeder kennt sie, kein Psychologe kann so richtig beschreiben, was sie eigentlich sind: Gefühle, Emotionen, Gemütsbewegungen. Wir wollen uns hier auch nicht mit Erklärungen des Begriffes aufhalten, sondern fragen, wie erfolgreiche Strahlefrauen und Strahlemänner ihre Gefühle in den Griff bekommen. Oder ob die Gewinner vielleicht nur heimlich heulen? Fakt ist, dass Emotionen in verschiedenen Hirnregionen erzeugt werden, die miteinander verbunden sind. Das ist vielleicht die Erklärung, warum unser Körper auf Gefühle mit verschiedenen Reaktionen antwortet, mittels Mimik, Gestik, Sprechweise, körperlicher Veränderungen.

Diese Vielfalt macht es Menschen so schwer, Gefühle nicht zu zeigen. Noch schwerer ist es, sie in den Griff zu bekommen. Dies gelingt aber offensichtlich den Erfolgsmenschen. Dazu muss man sie im ersten Schritt erkennen, in sich selbst und bei anderen. Bei uns ist das meist einfach. Wir wissen, wann wir traurig, frustriert, wütend oder fröhlich sind. Nun, wissen wir es wirklich? Meist haben wir so ein unbestimmtes Gefühl über unser Gefühl. Nichts Genaues weiß man nicht. Darum geht es im ersten Schritt darum, genau das aktuelle Gefühl zu definieren. Jetzt bin ich traurig. Jetzt bin ich wütend, und wie, quatsch mich bloß nicht von der Seite an!!! Parallel dazu geht es darum, die Gefühle bei anderen zu erkennen. Das machen Menschen sowieso schon ihr ganzes Leben lang; jetzt geht es darum, die Signale bewusst zu deuten und einzuordnen. Wie das geht, sehen wir uns jetzt an.

e) Gefühle deuten und erkennen

Er ist wissenschaftliches Vorbild für Dr. Carl Lightman aus der Fernsehserie „Lie to me", allerdings betrachtet der wirkliche Profi die Fähigkeiten, in den Gesichtern anderer Menschen Gefühle oder gar Lügen zu erkennen, etwas zurückhaltender als der Film-Doktor. Paul Ekman beschäftigt sich seit Jahrzehnten mit Emotionen und ihren Ausdrücken, die sie in Gesichter zeichnen. Bleiben wir zuerst bei den Lügen, welche zu erkennen Lightman vorgibt. Der Psychologe Ekman hat herausgefunden, dass Menschen mit Mikroausdrücken, die nur ein Zwölftel bis ein Fünftel einer Sekunde dauern, ihre wahren Gefühle offenbaren, auch wenn sie anderes vorgeben. Diese nur kurz aufblitzenden Zeichen sind allerdings nur zu erkennen, wenn man weiß, welche es gibt, worauf man also besonders zu achten hat. Im Gegensatz zu Lightman, der Mikroausdrücke als eindeutige Zeichen wertet, ist Ekman weitaus vorsichtiger. Er bestätigt das, was über andere nonverbale Zeichen, die Menschen aussenden, bereits seit langem bekannt ist: sie sind abhängig vom Kontext, dem Zusammenhang. So kann also ein und dasselbe Zeichen verschiedene Bedeutungen haben; dies trifft für verschränkte Arme genauso zu wie für ein Mikro-Zucken des Mundwinkels. Zum Kontext, von dem die aktuelle Bedeutung eines ausgesandten Zeichens abhängt, gehören vier Elemente:

- Art des Austauschs von Informationen: Verläuft das Gespräch zwanglos, unter Druck oder Verdacht; ist es ein erstes informelles oder eines mit besonderem Ziel…
- Geschichte der Beziehung: Wie gestaltet sich die Beziehung zwischen den Gesprächspartnern; was erwarten beide, welche Kontakte bestanden vorher…
- Sprecherwechsel: Ist der jeweilige Mikroausdruck zu sehen, wenn die Person spricht oder zuhört?
- Kongruenz: Stimmt der Mikroausdruck mit den anderen Zeichen, welche der Mensch aussendet, überein? Passt er zu den Worten, Gesten, sonstigen mimischen Zeichen, oder steht er zu diesen im Widerspruch?

Es ist fahrlässig, einen Ausdruck auf eine ganz bestimmte Ursache zurückzuführen, wie es leider viele Trainer machen. Sie suggerieren den lernwilligen Schützlingen, dass man nonverbalen Zeichen eindeutige Ursachen zuordnen kann. Das bekannteste Beispiel sind die verschränkten Arme, die immer wieder als Zurückgezogenheit, abwartende Haltung oder Desinteresse gedeutet werden. Sie können diese Bedeutung haben, müssen aber nicht. Wie aber lassen sich dennoch die genannten Erkenntnisse anwenden? Indem man einen der zuvor genannten Punkte herausgreift, sich auf ihn konzentriert und alle anderen erst einmal nicht beachtet. Ebenso ist mit den anderen Punkten zu verfahren. Wer dies übt, wird seine Beobachtungsgabe im Erkennen von wirklichen Gefühlen schärfen.

f) Vorausschauend handeln

Diese Fähigkeit hat etwas mit Zukunftsdeutung zu tun. Erfolgreiche Menschen über-legen sich, wie sie in einer bestimmten Situation reagieren werden und sich dann vermutlich fühlen. Wenn dies dann eintrifft, sind sie darauf vorbereitet, und es trifft sie weniger hart – sowohl positiv als auch negativ. Um es neudeutsch zu sagen, sie blei-ben einfach cooler. Es gibt noch weitere Strategien, mit seinen Gefühlen besser um-zugehen, sie an die Zügel zu nehmen. Wer zum Beispiel weiß, dass ihn typische Heulfilme auch zum Heulen bringen, der geht eben nicht hin. Ein weiterer Schritt be-steht dann darin, die Perspektive zu ändern. Wenn ich zum Beispiel während eines Gesprächs merke, dass ich leicht ungehalten wird, weil mein Gegenüber alles besser weiß und auch sonst nervt, nehme ich eine andere Perspektive ein und betrachte die beiden Personen – mich selbst und das Gegenüber – von außen und zugleich als Übungsobjekt. Dann vergesse ich einfach, worum sich das Gespräch dreht und be-trachte den Dauer-Nörgler als armes Würstchen, das sonst nichts zu melden hat im Leben – und darum muss es hier so richtig auf die Pauke hauen.

g) Steh auf, Mann!

Wir alle kennen das sprichwörtliche Stehaufmännchen, im direkten und übertragenen Sinn. Diese Eigenschaft ist zentral für Menschen, die auf Erfolg programmiert sind. Leider erleben wir in Deutschland gegenüber diesen Stehaufmännchen und erfolgrei-chen eine eigenartige Haltung, vor allem im Job. Noch immer – obwohl die Realität längst anders aussieht – besteht das Ideal des deutschen Arbeitslebens in einer ge-raden Karriere: von der Lehre bis zur Rente. Eine ähnlich kuriose Anschauung existiert gegenüber den Selbstständigen. Für die einen sind es Ausbeuter, die sich auf dem Buckel des kleinen Mannes dumm und albern verdienen. Der Begriff *Arbeitgeber* sagt hingegen etwas anderes. Wenn nun ein Mensch erfolgreich ist, kommen die Neider aus ihren Ecken und hecheln. Und wenn dieser Erfolgreiche dann das Spiel verliert, kommen sie wieder und gießen Spott über ihn aus. Und wehe, er rappelt sich wieder hoch! Das kann doch nicht mit rechten Dingen zugehen. Mit linken schon gar nicht.

Wer also erfolgreich werden will, muss sich immer bewusst sein, dass wir in Deutschland keine Unternehmer-Kultur haben, die Selbstständigkeit, Karriere und eigene Lebensentwürfe fördert. Wir haben eine Kultur, die Sicherheitsdenken über alles stellt, Unternehmertum mit Ausbeutung gleichsetzt und im Falle des Scheiterns heimlich hinterm Gartenzaun sitzt, gleich neben den Gartenzwergen, und lästert.

Erfolgreiche wissen um diese deutsche Besonderheit und beachten sie gar nicht. Sie achten auch nicht darauf, was andere sagen, sondern gehen ihren ganz eigenen Weg. Wenn Erfolgreiche – egal, ob angestellt oder selbstständig – auf die Nase fallen, betrachten sie diesen Misserfolg als schmerzhaftes, aber notwendiges Übel, an dem sie lernen können. Dass dieser Lernprozess besonders effektiv ist, wissen wir aus der Erziehung unserer Kinder. Überängstliche Eltern, die ihre Zöglinge vor allen Gefahren bewahren wollen, erziehen ängstliche Geschöpfe, die es nicht weit bringen. Eltern, die ihren Nachkommen alle Steine aus dem Weg räumen, erziehen Menschen, die später scheitern, wenn sie neue und viel größere Steine aus dem Weg räumen müssen – ohne Maaaaami und Pappppi! Rollen Sie also Ihren Kindern Steine nicht aus dem Weg, sondern bewusst welche in den Weg, damit die Racker lernen, darüber zu steigen oder ihnen auszuweichen. Für sich selbst betrachten Sie Niederlagen einfach als Lernprogramme, mit denen man Neues und Interessantes entdecken kann.

h) Die drei Weisen fürs Gehirnland

Der erste hüpft ständig in der Gegend herum, trägt Sportschuhe und lässt sich schon mal kopfüber vom Turm fallen. Der zweite geht mit dem Körbchen über den Wochenmarkt und sucht gezielt nach Energieträgern für seinen Herrn. Den dritten hört und sieht man nicht, er pennt. Die drei heißen Sport, Nahrung und Schlaf. Sie sind die besten Freunde des Gehirns, halten es jung und fit.

Sehen wir uns den mit den Turnschuhen genauer an. Bis heute sind die Wissenschaftler ja verblüfft, wie rasant sich unser Gehirn entwickelte. Wenn man die Zeiträume der Evolution betrachtet, dann hat der Mensch und mit ihm das Gehirn mächtig aufs Gaspedal getreten. Noch vor wenigen Jahrzehnten glaubten die Wissenschaftler, dass in erster Linie das Feuer dafür verantwortlich ist. Weil wir das Fleisch der erbeuteten Tiere nicht mehr roh aßen (bzw. fraßen) und es über dem offenen Feuer brieten, konnten unsere Vorfahren es besser verdauen. Dies kam ihrem Gehirn zugute. Heute ist deutlich geworden, dass es auch einen anderen wichtigen Grund gibt, Bewegung. Wenn Menschen sich bewegen, trainieren sie ihr Gehirn, denn es muss mehr und schneller Informationen verarbeiten. Wenn zum Beispiel Schüler während des Unterrichts Fahrrad fahren oder auf Laufbändern schwitzen, können sie ihre Leistungen um eine ganze Note verbessern.

Sport ist kein Mord, sondern Turbo, Antreiber, Power-Booster für die Grauen Zellen. Durch Sport baut der Körper Stress ab, welcher das Gehirn nur belastet. Das Denkorgan bekommt mehr Benzin (Glukose), konstruiert mehr Verbindungen zwischen den Zellen und beeinflusst ein Areal (Hippocampus), das fürs Lernen und das Gedächtnis eine besondere Rolle spielt. Durch Sport bekommen die Zellen mehr Sauerstoff, die Stimmung hellt sich auf, und das Risiko, an Demenz zu erkranken, nimmt ab. Menschen können zudem kreativer denken, Probleme besser lösen und sogar gut improvisieren. Mehr muss man zu den Möglichkeiten des Sports nicht wissen.

Betrachten wir darum den zweiten in der Runde, den mit dem Körbchen, denn er sorgt für das optimale Futter. Er weiß, dass sein Herr, das Gehirn, zu sechzig Prozent aus Fett besteht und darum Fettsäuren benötigt – Omega-drei und Omega-sechs. Wenn der Lebensmittel-Spezialist vom Wochenmarkt nach Hause kommt, finden sich im Korb Getreide, Gemüse, Lachs, Hering, Weintrauben, Butter, Erbsen, Parmesankäse, Mangold, Rosinen, Hafer, Kürbiskerne, Orangen, Paprika, Nüsse und andere Leckereien. Der Lebensmittel-Profi weiß, dass streng einseitige Ernährung – wie in manchen Diäten verordnet – dem Körper auf Dauer schaden kann. Ihm ist klar, dass Obst und Gemüse im Idealfall nur gedünstet oder kurz im WOK erhitzt werden sollten. Außerdem ist er nicht so radikal, auf Fleisch ganz zu verzichten, weil es ansonsten zu Mangelerscheinungen bei seinem Herrn kommen kann.

Der dritte im Bunde tut so, als wenn er nichts tut, dabei hat er nur die Augen zu. Ansonsten ist er sehr aktiv. Forscher wissen zwar immer noch nicht ganz genau, warum Menschen überhaupt schlafen. Dass Schlafen aber eine Reihe von Funktionen hat, ist mittlerweile unbestritten – und wenn es anders wäre, hätte die Evolution den Schlaf auch einfach weggelassen. Wenn Menschen schlafen, schläft eins ganz und gar nicht, das Gehirn. Deutlich wird das an der Phase, welche die Schlafforscher die

REM-Phase nennen: rapid eyes movement, also schnelle Augenbewegung. Hier ist das Gehirn offenbar besonders aktiv. Es füllt zum Beispiel die Kammern wieder auf, die es mit Brennstoff versorgen. Das Gehirn fällt also bis zum Wecker nicht etwa ins Koma, sondern verarbeitet zum Beispiel den vorangegangenen Tag. Es versucht, nicht zusammenhängende Fakten miteinander zu verbinden und einen Sinn hineinzulegen. Das Beste aber am schlafenden Körper und arbeitenden Gehirn ist, dass der Mensch lernt. Das altbekannte Bild vom Lehrbuch unterm Kopfkissen ist gar nicht falsch. Sachverhalte, die wir uns vor dem Schlafen noch einmal ansehen, verarbeitet und speichert das Gehirn, wenn der ganze Rest des Körpers pennt. Betrachtet man die Medaille von der anderen Seite, wird klar, dass Erfolg auch mit ausreichend Schlaf zu tun hat: Wenn Menschen zu wenig davon bekommen, werden die Gehirnspeicher nicht mehr aufgefüllt, die Menschen werden ängstlich und niedergeschlagen. Dies ist die wichtigste Erkenntnis, welche uns zu denken geben sollte. Gute Nacht, also! Lernen Sie gut! Und verarbeiten Sie schön!

4.5 Fehlkonstruktionen ausgleichen

Unser Gehirn ist nicht vollkommen – ganz im Gegenteil. Es gleicht einem Haus, an dem im Laufe seiner (stammes)geschichtlichen Entwicklung immer wieder an- und umgebaut wurde. Menschen schleppen demnach Vieles von dem mit, was evolutionsbiologisch betrachtet zu ganz anderen Tieren gehört. So bezeichnen manche nicht zu Unrecht das Stammhirn, also den ältesten Teil, als Reptiliengehirn. Viele der unbewussten Reaktionen, zu denen Menschen ohne Nachdenken fähig sind, verdanken sie diesem Teil des Denkapparats. Aus der nichtlinear verlaufenen Entwicklung resultieren verschiedene Macken, Fehler, Unsicherheiten. Der Psychologe Gary Marcus bezeichnet diese sogar als Murks. Das Gehirn macht Fehler beim Denken, Glauben, Speichern, Wiedergeben, Erkennen. Dies alles ist kein Grund, sich und damit sein Gehirn in den nächsten Abgrund zu stürzen. Wer jedoch mehr will vom Leben, kann einige Folgen, welcher dieser Murks manchmal liefert, mildern oder sogar ausschalten. Sehen wir uns die wichtigsten Möglichkeiten dazu an.

a) Alternativen betrachten

Wenn das Gehirn Tatsachen betrachtet und beurteilt, mischt es immer Emotionen und Leidenschaften bei. Dies kann, wie wir bereits gesehen haben, den Blick verzerren und trüben. Eine Reihe von Untersuchungen hat bestätigt, dass es häufig besser ist, Alternativen zu betrachten, das Gegenteil einzubeziehen, von den vertrauten Denkschemata abzuweichen, eine Frage abweichend zu fragen. Dies ist besonders dann wichtig, wenn Eigendarstellungen und werbliche Aussagen eine Rolle spielen, denn Fehler wird der andere bestimmt nicht zugeben. Aber auch die scheinbar so festgefügten Denkmuster sollten ab und zu auf den Prüfstand, denn allzu leicht gewöhnt sich das Gehirn an das Alltägliche: Muss ich jeden Tag mit dem Auto ins Büro? Muss ich diese Arbeit noch zwanzig Jahre durchführen? Muss ich im er im selben Supermarkt einkaufen?

b) Impulsivität und Voreingenommenheit berücksichtigen

Menschen handeln impulsiv, aus Launen heraus, von einem Moment auf den anderen. Vieles, was das System ZWEI durchläuft, muss erst durch das System EINS, weil es auf älteren Entwicklungsstufen beruht. Das ältere aber reagiert viel schneller, unbewusst und nach Möglichkeit sofort. Besonders fatal wirkt sich dies beim Einkaufen aus. Der Wagen ist immer voller, wenn der einkaufende Mensch hungrig schiebt und keine Liste dabei hat, die er abhakt. In den Kleiderschränken liegen und hängen Klamotten, die einmal oder noch nie getragen wurden. Konditoreien und Eisläden besitzen ein Magnetfeld, dem sich nur wenige von uns entziehen können, weil sie auf einen uralten Reiz hereinfallen: Was vor unseren Augen prangt, wirkt anziehend. Auch sonst handeln wir häufig impulsiv und wenig rational – beim Streiten, Argumentieren, Surven im Internet… Besser ist, zu planen, einen Augenblick länger als sonst vor einer Reaktion zu überlegen, die Sache mit anderen Augen betrachten. Schon wird klar: Die Hose brauche ich gar nicht, das Eis verkneife ich mir, darauf antworte ich erst später. Richtig gut funktioniert diese Taktik natürlich, wenn man sie mit der vorhergehenden kombiniert und Alternativen hinzuzieht.

c) Ziele in konkrete Pläne verwandeln

Ich will abnehmen, dieses Buch während des Urlaubs lesen, das Auto waschen, den Job wechseln, der Schwiegermutti absagen. Viele Ziele werden nicht verwirklicht, weil aus dem Ziel kein Plan resultiert. Am erstbesten Bratwurststand ersäuft das Abnehm-Ziel in Fett; am Pool wird das Leseziel mit dem ersten Cocktail fortgeschwemmt; am Frühstückstisch löst sich das saubere Auto in gemütlichen Kaffeedampf auf. Wer ein Ziel in einen konkreten Plan verwandelt, überlistet sein Gehirn, denn aus einem vagen und wenig konkreten Ziel werden vorweggenommene Handlungen, die sich das Gehirn vorstellen kann. Dabei geht es darum, sich die einzelnen Schritte so konkret wie möglich vorzustellen und sie in Gedanken durchzuspielen. Wer den Plan nach dem Muster wenn-dann konstruiert, aktiviert zugleich das System EINS auf der Ebene der Reflexe. Somit verbessern sich die Chancen, die Ziele zu erreichen – das gilt für gelesene Bücher, saubere Autos und das große Lebensziel gleichermaßen.

d) Wichtige Entscheidungen bei vollem Bewusstsein

Psychologen haben Menschen eine perfide Aufgabe gestellt. Die Probanden sollten sich zwischen einem gesunden Obstsalat und einem ungesunden Stück Schokoladenkuchen entscheiden. Viele der Testpersonen, die sich zeitgleich eine siebenstellige Zahl merken sollten, haben sich eher für den Kuchen entschieden und den gesunden Salat liegenlassen. Das Gehirn ist einfach nicht in der Lage, Entscheidungen zu treffen, wenn es bereits beschäftigt, müde oder abgelenkt ist. Wichtige Entscheidungen dürfen also erst gefällt werden, wenn das System ZWEI munter und voll konzentriert ist.

Bei Schokoladenkuchen ist die Folge einer Fehlentscheidung nicht besonders groß, in anderen Situationen kann sie uns erheblich schaden. Warum kommen Versicherungsvertreter lieber abends als morgens? Weil die Kunden dann müde sind und ihre Ruhe haben möchten. Warum geben Mütter in der berühmten Quengelzone vor der Supermarktkasse nach? Weil ihr Gehirn mit anderen Dingen befasst ist und keine Ressourcen mehr besitzt, pädagogisch zu reagieren.

e) Kosten und Nutzen auf die Waage

Viele Entscheidungen, die getroffen werden, sind bei sinnvoller Überlegung sinnlos. Sie kosten Zeit und häufig auch Geld. Es klingt logisch und einleuchtend, Kosten und Nutzen gegeneinander abzuwägen; der Alltag sieht jedoch anders aus. Nicht unbedeutend ist, dass Menschen in der Tendenz die Fakten auch noch so hinschieben, wie sie diese gern hätten. Sind Menschen grundsätzlich gegen ein Vorhaben eingestellt, betonen sie die Kosten, welche verursacht werden. Sind sie hingegen grundsätzlich dafür, betonen sie den Nutzen und heben ihn über Gebühr hervor. Sieh mal, diese Bluse ist zwar etwas (Untertreibung) teurer als die anderen, aber dafür kannst du sie mit allen Hosen kombinieren. Um dieser Art der verzerrten Wahrnehmung zu entgehen, hilft oft ein einfacher Zettel, auf dem beide Werte in einer Tabelle eingetragen werden. Sehr schnell erkennen die Betreffenden dann, ob es lohnt, Zeit, Geld, Energie zu investieren. Häufig gehen sie dann fröhlich pfeifend weiter in dem Bewusstsein, ihrem Geist ein Schnippchen geschlagen zu haben – und dem Kleiderschrank sowieso.

f) Geradestehen und begründen

Warum geben manche Menschen mit vollen Händen Steuergelder und Fördermittel aus? Warum fällen manche Chefs Entscheidungen, die schon beim ersten kritischen Blick nie hätten gefällt werden dürfen? Weil niemand sie dafür persönlich zur Rechenschaft zieht, sie keine Angst vor den Folgen zu befürchten haben oder die Verantwortung abwälzen können. Menschen jedoch, die ihre Entscheidungen begründen müssen, strengen sich mehr an. Sie suchen mehr und bessere Argumente, durchdenken diese von mehreren Seiten und bereiten sich innerlich auf eine Verteidigung der Ideen vor. Diese Tatsache kann man leicht für sich selbst nutzen, indem man sich einfach vorstellt, sich rechtfertigen, verteidigen zu müssen und dafür gute Begründungen bereitzustellen.

Zusammenfassung

Erfolg kann man trainieren. Die Grundlage dafür ist die Fähigkeit des Gehirns, sich zu verändern und umzubauen – das beweisen verschiedene Tests. Um dies zu erreichen, haben sich mehrere Schritte als wirksam erwiesen. Zuerst geht es darum, die Ausgangslage zu erkennen. Wo stehe ich, wer bin ich, wie sehen mich die anderen? Anschließend können Erfolgssucher mehrere Schritte gleichzeitig gehen, um dauerhaft ihr Gehirn auf Erfolg zu trimmen. Man sollte die Informationsflut eindämmen und sich auf wenige, aber wichtige Informationen beschränken. Dies spart Zeit und lenkt nicht ab. Zugleich richtet sich das Augenmerk wie mit einem Laserstrahl auf das Ziel und bildet kleine und kleinste Teilziele. Bis Mittag mach ich das, bis zum Abend das, bis zum 30. Juli habe ich das geschafft.

Auf dem Weg zum erfolgreichen Gehirn lernen Menschen bewusster, ihre Gefühle zu erkennen und zu benennen. Dies weiten sie auf ihre Mitmenschen aus. Wenn es Rückschläge und scheinbare Niederlagen gibt, betrachten sie diese als notwendigen Umweg und denken daran, dass sich aus ihnen etwas lernen lässt. Zugleich sollten Erfolgsorientierte die Meinung anderer Menschen nicht allzu ernst zu nehmen und weiter ihren eigenen Weg gehen. Für die Gehirnpflege gibt es drei wichtige Helfer, welche diese Handlungen unterstützen: Ernährung, Sport und ausreichend Schlaf.

Wer all diese Faktoren berücksichtigt, wird sein Gehirn dauerhaft in eine andere Richtung lenken. Dazu gehört auch die entsprechende Portion Motivation. Die kommt nicht von außen, sondern muss in unserem Inneren wachsen. Ziele, welche andere Menschen uns vorgeben, sind – wenn überhaupt – nur kurzfristig wirksam. Um alle Vorteile innerer Motivation zu genießen, lernen wir, die Aufgabe selbst, den Weg zum Ziel bereits als Erfolg zu sehen. Es ist keine Arbeit im althergebrachten negativen Sinne (Ich muss arbeiten), sondern immer ein Schritt in die selbst gewählte Richtung. Kleine Erfolge muss man dabei unbedingt genießen. Zugleich sind Rückschläge als Erfahrungen zu betrachten, um zu sich selbst zu sagen: Jetzt erst recht!

5.   Die erfolgreiche Persönlichkeit

Eine kräftig sprudelnde Quelle für Unzufriedenheit, Frust und Erfolglosigkeit ist die weit verbreitete Vorstellung vom Müssen. Menschen müssen arbeiten, um sich und ihre Familie zu ernähren, die Raten fürs Haus abzubezahlen, den Kindern alle Bildungschancen zu ermöglichen. Väter müssen in Mehrfachrollen schlüpfen als durchsetzungsstarke Persönlichkeiten im Job, sanfte Erzieher im heimischen Garten und wilde Tiger im Ehebett. Nicht zu vergessen die Aufgaben als Sohn und Schwiegersohn. Frauen müssen mindestens genauso: exzellent arbeiten, pädagogisch überlegt erziehen, weltgewandt smalltalken, gekonnt verführen und nach Möglichkeit das Heimchen am heimeligen Herd geben. Auch wenn heute viele dieser Vorstellungen dank Emanzipation und 68er Revolte scheinbar auf dem Schutthaufen der Geschichte gelandet sind, bestimmen sie doch weiterhin das Leben vieler Menschen – nicht aller. Erfolgreiche haben es irgendwie geschafft, sich von zumindest einigen dieser Muss-Vorstellungen zu lösen und auf Klischees zu pfeifen – manchmal laut, viel öfter jedoch leise. Die Frage ist, wie und ob normale Erdenbürger davon profitieren können, wenn sie sich nicht selbst ins soziale Abseits stellen und trotzdem erfolgreich sein wollen. Die vorweggenommene Antwort lautet:

5.1 Nicht mehr müssen müssen

a)   Muss-Vorstellungen im Spiegel

Menschen in der modernen Arbeitswelt sind nicht nur von fehlender Zeit und übertriebener Kommunikation getrieben, sondern vor allem von drei Muss-Vorstellungen, die sich auf ihre Person beziehen. Diese Ideen bedingen und verstärken einander, sie wirken untereinander als Katalysator und machen so wirklichen Erfolg unmöglich:

- Ich muss sozial und gesellschaftlich unbedingt dazugehören.
- Ich muss in allem perfekt sein.
- Ich muss auf vielen Gebieten der Beste sein.

Betrachten wir das erste scheinbare Gesetz. Menschen besitzen die irrige Vorstellung, nur erfolgreich und glücklich sein zu können, wenn sie überall dazugehören, auf allen Hochzeiten tanzen, von jedermann geliebt, geachtet, respektiert werden, wenn die anderen eine hohe Meinung von ihnen besitzen. Evolutionsbiologisch betrachtet ist diese Idee durchaus sinnvoll, denn bis in die jüngste Vergangenheit waren die Menschen auf die Gemeinschaft angewiesen, wollten sie überleben. Heute jedoch hat sich die Gesellschaft grundlegend gewandelt, so dass der Gedanke des Dazugehörens um jeden Preis alle Individualität und persönliche Entfaltung im Keim erstickt. Wer nämlich immer und überall dazugehören will, findet gar keine Zeit, sein Persönlichkeitsprofil zu schärfen. Die Gruppe als Ganzes kann eine starke Persönlichkeit nicht ersetzen oder auffangen, sie schwächt diese nur. Damit rede ich nicht der bewussten Vereinsamung das Wort, einem Eremitentum oder dem Rückzug in eine Berghöhle. Es geht darum, sich in einer ruhigen Stunde genau zu überlegen, wie vielen gesellschaftlichen Gruppen ich angehöre, wann ich etwas tue, um dem anderen zu gefallen oder dem Gruppendruck Genüge zu tun. Starke Persönlichkeiten drehen den Spieß um. Sie konzentrieren sich auf eine Sache bzw. auf sich selbst. Im Laufe der Zeit wecken sie damit das Interesse der anderen, die sich magisch angezogen fühlen, weil diese Mitläufer spüren: Hier zieht jemand genau das durch, wovon ich träume, was ich aufgrund der vielen Verpflichtungen nur nicht zu tun wage.

Die zweite Ich-Vorstellung in Bezug auf die Persönlichkeit heißt Perfektionismus. Jede noch so kleine Arbeit muss perfekt erledigt werden, obwohl der Aufwand vom gut erledigen bis zum scheinbar perfekt erledigen in keinem Verhältnis zum Nutzen steht. Eng mit dem Wahn des perfekten Arbeitens hängt das Pareto-Prinzip zusammen, welches zwar ob seiner angeblichen Allgemeingültigkeit und genauen Zahlenspielerei angegriffen wird, tendenziell aber als wichtiger Hemmschuh zu beachten ist. Achtzig Prozent einer Aufgabe werden in zwanzig Prozent Zeit erledigt; der Rest geht zum Beispiel für den verbleibenden Perfektionismus drauf. Es ist nicht wichtig, auch die allerletzten Krümel aus dem Auto zu saugen. Es spielt keine Rolle, das Konzept bis in jede Verästelung zu durchdenken und alle Eventualitäten vorauszuberechnen – das geht auch gar nicht. Die Nudeln müssen nicht auf die Zehntelsekunde al dente sein. Es ist auch nicht gar so schlimm, wenn Töchterchen mal mit einer Fünf den Heimweg antritt. Überflüssiger Perfektionismus frisst nicht nur eine Menge Zeit, er ist in vielen Bereichen sogar kontraproduktiv, weil er das Denken verengt, Kreativität verhindert, negative Gedanken hervorruft, die wiederum Energie fressen und so die meist besseren Lösungen abwehrt. Weil unser Leben von mehr Zufällen als vorhersagbaren Ereignissen abhängt, weil wir die vielen Parameter eines hochkomplexen Systems gar nicht durchschauen können, weil Perfektionismus oft nicht möglich ist oder schlicht nichts bringt, verabschieden sich erfolgreiche Menschen von ihm. Sie nehmen ganz bewusst eine Haltung ein, die Fehler akzeptiert und Perfektionismus als das betrachtet, was er oft ist – unsinnig und überflüssig.

Die dritte Muss-Vorstellung in Bezug auf die eigene Person ist noch weniger zu realisieren und bereits heute eine Illusion: Ich muss in allen Bereichen des Lebens der Beste sein. Wer in seinem Job volle Leistung bringt, hat bereits alle Hände voll zu tun. Da ist es sehr entspannend anzuerkennen, dass die Kochkunst ein Buch mit Sieben Siegeln ist, der Computer ein Wunderwerk darstellt und der Garten wohl besser ein Dschungel bleiben sollte. Natürlich gehören Erfolgreiche in ganz bestimmten Bereichen zu den besten. Sie wissen aber auch, dass sie andere Tätigkeiten links liegen lassen müssen, um sich auf diese eine konzentrieren zu können. Interessant in diesem Zusammenhang ist, dass Erfolgreiche dabei gar nicht an den Erfolg denken, sondern sich in jene Tätigkeit vertiefen, die später den Erfolg bringt. Zugleich konzentrieren sie sich nicht krampfhaft, sondern legen dabei eine gewisse spielerische Lockerheit an den Tag, die sich auf die Qualität der Resultate auswirkt. Das liegt ganz einfach daran, dass unsere Gehirnressourcen nicht beliebig multiplizierbar sind, und kreatives Denken durch starre Zielfixierung behindert wird.

b) Muss-Vorstellungen in Bezug auf andere

Alle Menschen sehen die Welt durch ihre eigenen Augen; gleichzeitig besitzen sie die irrige Vorstellung, dass auch andere die Welt so sehen (sollen). Neurologen wissen mittlerweile, wie unterschiedlich die Sichtweisen auf die scheinbare Realität sind, weil Lebenserfahrungen, gespeichertes Wissen, Emotionen eine allgemeingültige Sicht auf unsere Welt unmöglich machen. Trotzdem glauben Menschen, dass andere so leben müssten wie sie selbst. Wenn nicht, dann sollte man alles daransetzen, diese Abweichler auf den rechten Kurs zu bringen. Menschen leben jedoch nicht, um die Erwartungen anderer zu erfüllen oder sich in die Gemeinschaft einzufügen, im Gegenteil: Erfolgreiche beweisen immer wieder, dass sie nur darum erfolgreich geworden sind, weil sie den scheinbar allgemeingültigen und berechtigten Vorstellungen nicht entsprechen. Viel zu häufig jedoch versuchen wir unbewusst – und oft genug unwillig – den Erwartungen der anderen zu genügen. Das beginnt bei der Teilnahme an ungeliebten Familienfeiern (mit folgender reziproker Einladung und beginnendem Teufelskreis) und endet noch nicht bei der Übernahme von Tätigkeiten, die andere von uns verlangen.

Das Leben im einundzwanzigsten Jahrhundert bietet erstmals in der Geschichte vielen Menschen die Chance, selbstbestimmt und nach eigenen Zielen zu leben, zumindest in Deutschland. Nie zuvor in der Geschichte boten die äußeren Umstände so viele Möglichkeiten, den individuellen Besonderheiten gemäß zu leben. Andererseits hängen anachronistische Vorstellungen wie Blei an unseren Füßen und verhindern, dass die viel beschworene Entfaltung der Persönlichkeit auch großflächig stattfindet: Ein Mann muss einen Sohn gezeugt, ein Haus gebaut und einen Baum gepflanzt haben – Quatsch.

Erfolgreiche machen sich bewusst, dass sie nicht nach dem Glücksmuster anderer Menschen leben, diesen anderen im Gegenzug aber auch nicht ihr eigenes Modell aufdrängeln sollten. Erfolgreiche wissen um teils extrem unterschiedliche Weltsichten und daraus resultierende Meinungs- und Handlungsunterschiede. Sie richten ihr Leben so ein, dass sie äußerer Quellen der Zufriedenheit und des Glücks nicht mehr bedürfen, sondern sich innere erschließen. Das hat nichts mit Esoterik zu tun, sondern beruht auf bewusstem Nachdenken und Handeln.

c)   Muss-Vorstellungen auf das Umfeld

Obwohl Menschen wissen, dass sie nur ein verschwindend geringes Teilchen im Universum darstellen, haben sie die Vorstellung kultiviert, dass sich die Welt nach ihren Vorstellungen richten müsse, nicht umgedreht. Dies ist besonders häufig bei einer bestimmten Gruppe von Arbeitslosen zu beobachten, die einmal einen Beruf gelernt haben und darauf beharren, diesen bis zur Rente ausüben zu können. Zugleich wollen diese Statischen die neueste Technik nutzen, neue Filme konsumieren, neue Kleidung kaufen. Alles um sie herum muss sich ändern, nur sie selbst nicht. Im Falle des eigenen Scheiterns wird flugs die Umwelt, der Staat, die Gesellschaft (was immer das sein mag), die Politik dafür verantwortlich gemacht: Die da oben…

Ein zweites Missverständnis betrifft die Weltsicht aus der Perspektive des Märchenbuches. Ich bin nur ein glücklicher und erfolgreicher Mensch, wenn es keine Probleme gibt, wenn der Prinz die Prinzessin geheiratet hat, alle Menschen einander bei den Händen fassen und Halleluja jubeln. Erfolgreiche Menschen wissen, dass die Welt weder gut noch böse ist, dass sie sich entwickelt, und diese Entwicklung nicht linear verläuft.

Erfolgreiche blenden Negativmeldungen aus, betrachten bestehende Unstimmigkeiten als gegeben. Sie arbeiten nicht gegen die Umwelt, sondern suchen sich unter gegebenen Umständen ihre Nische, um genau hier die Potentiale zu entfalten, derer sie sich bewusst geworden sind. Sie wissen auch, dass Wandel das stärkste Prinzip des Weltgetriebes ist, dem sie sich zu unterwerfen haben. Allerdings betrachten sie diesen positiv und als notwendig, um persönlich weiterzukommen.

5.2 Emotionen in Waage

Psychologen wissen heute um die große Bedeutung von Gefühlen. Sie helfen, Entscheidungen zu treffen und sind bei vielen kognitiven Prozessen im Gehirn an vorderster Front dabei. Wenn es Informationen aufnimmt, selektiert, verarbeitet, speichert und wieder ausspuckt, laufen sie durch den Filter Emotion. Zugleich will das Gehirn natürlich negative Emotionen vermeiden. Was Menschen gewöhnlich als Emotion bezeichnen, ist jedoch nur ein Teil des vielschichtigen Prozesses, welcher subjektives Erleben auslöst. Betrachtet man den Vorgang in Gänze, wird klar, was Erfolgreiche von Nicht-Erfolgreichen unterscheidet:

Komponente 1: Ein Mensch betrachtet ein Ereignis innerhalb seiner Umwelt unter dem Blickwinkel der persönlichen Bedeutsamkeit: Hat das Gewitter etwas mit mir zu tun? Gilt der Stinkefinger des Autofahrers mir? Beziehen sich die verletzenden Worte des Chefs auf mich? Ist diese grandiose Aussicht für mich bedeutsam?

Komponente 2: Das Ereignis löst ein subjektives Empfinden aus: Ich fürchte mich vor dem Gewitter. Der Stinkefinger macht mich wütend. Die verletzenden Worte des Chefs lassen mich kalt. Die grandiose Aussicht bewegt mich zutiefst.

Komponente 3: Die betreffende Person verspürt ein Bedürfnis, in einer bestimmten Art und Weise zu denken: Ich möchte mich vor den Blitzen verkriechen. Ich möchte das Auto des anderen am liebsten rammen. Ich lasse den Chef reden und stelle auf Durchzug. Ich möchte viele Fotos machen, um diese Aussicht in allen Facetten fest-zuhalten.

Komponente 4: Der Körper reagiert mit Hilfe seines autonomen Nervensystems: Angstschweiß, Zittern, Herzklopfen, geweitete Pupillen, feuchte Hände…

Komponente 5: Das Gesicht reagiert: Augenbrauen, Lippen, Wangen, Nase bewegen sich in bestimmte Richtungen und aufgrund evolutionär tiefsitzender Mechanismen.

Komponente 6: Der Mensch reagiert auf das Ereignis in einer bestimmten Art und Weise: sich im Keller verkriechen, zurückbrüllen, weinen, den Fotoapparat zücken…

Diese sechs Komponenten gehören laut aktueller Forschung zum komplexen System Emotion. Besonderes Augenmerk ist auf die erste zu richten, denn hier entscheidet sich, ob überhaupt subjektive Empfindungen und körperliche Reaktionen auftreten oder nicht. Betrachten wir dazu das allen geläufige Beispiel aus dem Straßenverkehr. Hier ist regelmäßig zu beobachten, wie scheinbar kleine Anlässe besonders starke subjektive Empfindungen und ebensolche Handlungen auslösen. Wenn ein fremder Autofahrer eine unmissverständliche Geste macht, kann man diese auf sich beziehen oder einfach ignorieren. Es besteht auch die Möglichkeit, gegenteilig als erwartet zu reagieren, was immer wieder zu komischen Situationen führt. Ein kleines Beispiel dazu aus einer anderen Situation: Seit Jahren fahre ich mit dem Fahrrad über einen öffentlich zugänglichen Friedhof in dem Bewusstsein, dass Schilder dies untersagen. Eines schönen Tags steht am Eingang ein Tourist und meint aufgebracht: „Hier ist Fahrradfahren verboten." Meine Reaktion darauf: „Ich freue mich sehr, dass Sie lesen können."

Emotionen werden immer von Menschen Besitz ergreifen und sie zu Reaktionen hinreißen lassen, welche sie oftmals bereuen. Erfolgreiche arbeiten nicht daran, körperliche Reaktionen einschränken zu wollen oder ihre Handlungen in eine andere Richtung zu lenken, sie arbeiten vor allem an der ersten Komponente, der individuellen Einstellung zu einem Ereignis. Dabei hat sich bewährt, Sach- und Persönlichkeitsebene voneinander zu trennen, ein Ereignis nicht auf sich zu beziehen, es in manchen Fällen komplett zu ignorieren. Dies gelingt Menschen, die ihr Selbstwertgefühl aus den Meinungen und Ansichten der anderen beziehen, naturgemäß weniger. Andere besteigen den Feldherrnhügel oder breiten die Schwingen aus und betrachten die emotionsauslösende Situation aus einer erhöhten Perspektive. Wie im Lied von Reinhard Mey („Über den Wolken) verändert sich so nicht nur die Wertigkeit des auslösenden Ereignisses, sondern dessen persönliche Bedeutung: „Würde was uns groß und wichtig erscheinen, plötzlich nichtig und klein."

Wenn man das Ereignis als relativ klein und nichtig betrachtet, kann man zusätzlich in Gedanken durchspielen, was geschehen wäre, wenn. Der Vorteil besteht darin, dass sich unser Gehirn auf diese Aufgabe konzentrieren muss und keine Ressourcen mehr hat, um sich mit dem emotionsauslösenden Ereignis zu beschäftigen. Hilfreich dabei ist es, die Szene – wie in einem guten Sketch von Loriot – in Gedanken zu übersteigern, schlimmer zu machen und in einer kleinen Katastrophe enden zu lassen: *Der fremde Autofahrer zeigt mir den Finger, worauf ich wütend zu seinem Auto renne, die Tür aufreiße und ihm eins verpasse. Plötzlich erwacht auf dem Rücksitz eine bisher schlafende Polizistin, die sofort hellwach ist und nach den Handschellen greift. Als ich fliehen will…*

All diese Hilfsmittel funktionieren nicht immer, denn manchmal sind die Emotionen zu stark, die Situation ist zu eindeutig auf uns als Person gemünzt, es berührt zu intensiv oder aus anderen Gründen. Da helfen andere Mittel:

- Gefühle als solche bewusst machen (Ich glaube, jetzt werde ich wütend.)
- Sichtweisen, welche im Zusammenhang mit dem Gefühl stehen, durch andere ersetzen
- Die gesamte Konzentration auf ein anderes Ereignis richten oder die Beobachtung nach innen verlagern
- Das Gefühl als gegeben und unabänderlich betrachten, es als Aufgabe akzeptieren, an ihm zu wachsen

Trotz dieser Hinweise gibt es immer wieder Situationen, in denen Menschen aufgrund überschäumender Reaktionen ebenso reagieren. Erfolgreiche zeigen anschließend Größe und entschuldigen sich. Dies hat nichts mit Schwäche zu tun, sondern bewirkt das Gegenteil: Wer sich entschuldigt, weiß um ein Fehlverhalten und zeigt dem anderen: Ich bin in der Lage zu reflektieren und Fehler auch zuzugeben. Solcherart Verhalten wird von anderen sehr genau beobachtet und positiv bewertet.

5.3   Stress bewältigen

In den letzten Jahrzehnten hat ein Begriff die Sprache erobert, den unsere Vorfahren nicht kannten – obwohl sie oft mehr gearbeitet haben als wir – Stress. Ich habe Stress, ich stehe im Stress, ich bin gestresst. All diese Äußerungen zeigen, dass Stress negativ ist und als Belastung empfunden wird, der man sich nach Möglichkeit entziehen möchte. Auf der anderen Seite gilt Stress auch als Statussymbol, um die Bedeutung der eigenen Person hervorzuheben. Die oberflächliche Argumentation lautet: Wer Stress hat und dies auch kundtut, hat eine Menge zu tun. Wer eine Menge zu tun hat, ist wichtig. Stress wird als von außen kommend betrachtet, als Übel, dem das Individuum ausgesetzt ist. Dies ist jedoch nur ein kleiner Teil der Wahrheit. Stress ist ein Konglomerat, eine Summe aus verschiedenen Aspekten, die nur zum Teil mit dem Außen zu tun hat. Zum einen sind es die Bedingungen, in die ein Mensch gestellt wird, die Situationen, welche er zu bewältigen hat. Dazu zählen berufliche und private Anforderungen, soziale Konflikte, Zeitdruck und Störungen in geordneten Abläufen. Diese Faktoren werden auch Stressoren genannt, weil sie das Stress-Erleben auslösen können. Die Betonung liegt auf können, denn erfolgreiche Menschen, auf die ebensolche Stressoren wirken, sind offenbar besser in der Lage, mit ihnen umzugehen. Womit wir bei den Reaktionen auf diese äußeren Faktoren wären. Im positiven Sinne reagieren Menschen auf Stressoren, indem ihr Körper aktiv wird. Wenn diese Aktivitäten jedoch eine Grenze überschreiten, beginnt das Gefühl der Überlastung. Dieses wird verstärkt durch die dritte Komponente, die persönlichen Stressverstärker. Dazu gehören Eigenschaften wie Ungeduld, Perfektionismus, ein Streben nach Kontrolle und die bewusste Überforderung.

Stress ist also vor allem ein Bündel von individuellen Reaktionen auf Ereignisse von außen. Untersuchungen zeigen, dass es hier unterschiedliche Typen gibt. Die einen reagieren vor allem mit ihrem Herz-Kreislauf-System, andere mit Muskelanspannungen, wieder andere mit ihrem Verdauungssystem. Entscheidend ist, dass unter der Oberfläche des allgemeinen Gefühls des Stresses andere, meist negative Emotionen die eigentlichen Ursachen sind, um Stress auch wirklich auszulösen. Der Betreffende ärgert sich, was wiederum dazu führt, dass der Körper verstärkt Katecholamine ausschüttet – körpereigene Stoffe, die auf das Herz-Kreislauf-System anregend wirken. Zugleich aber produziert er auch vermehrt das Hormon Testosteron, was wiederum zu verstärktem aggressiv-dominantem Verhalten führt.

Wenn die zugrundeliegende Emotion Furcht ist (die Aufgabe nicht zu bewältigen, den Zeitplan nicht einzuhalten, den anderen zu enttäuschen), steigen Blutdruck und Atemfrequenz, weil der Körper vermehrt Adrenalin ausschüttet. Dieser Stoff sorgt dafür, dass der Körper schnell mehr Energie bekommt und sie einsetzen kann. Die Ursache dafür liegt in der Evolution. Wenn Gefahr drohte, musste der Mensch möglichst rasch die Beine in die Hand nehmen, um zu überleben. Wenn der Körper auf Stressoren hingegen mit einer eher depressiven Gemütslage reagiert, geht die Konzentration an Testosteron zurück, und der Mensch fühlt sich hilflos.

Dies zeigt, dass Stress im Gehirn entsteht und die Reaktionen auf Stressoren beschreibt, welche die Umwelt bereitstellt. Nun haben wir bereits bei den Persönlichkeitsmerkmalen erfolgreicher Menschen gesehen, dass sie ihre Umwelt anders wahrnehmen und anders auf sie reagieren. Dies trifft ebenso für den Umgang mit Stressoren zu. Nach Gerald Hüther, dem bekannten Göttinger Neurobiologen, sind die wichtigsten Ursachen, um chronische Stressreaktionen zu aktivieren, folgende:

- Ich erreiche meine Ziele nicht.
- Ich kann mir bestimmte Wünsche nicht erfüllen.
- Ich habe Konflikte mit meinen Mitmenschen.
- Ich besitze zu wenige oder zu viele Informationen.

Vergleicht man diese Aussagen mit jenen zu erfolgreichen Persönlichkeiten, wird schnell klar, wo ein Teil der Lösung zu finden ist, um Stress erst gar nicht aufkommen zu lassen. Es geht auch hier um die Einstellung des Einzelnen zu einer bestimmten Sache: Wer sich ein erreichbares Ziel gesetzt hat, fokussiert, blendet unnötige Informationen aus, konzentriert sich auf die notwendigen, geht einen selbstbestimmten Weg, hört nicht auf Einflüsterungen und gute Ratschläge auf dem Weg, geht konfliktbeladenen oder -provozierenden Mitmenschen aus dem Weg und betrachtet Rückschläge und Umwege als notwendige Lernphasen. Klar wird, dass zielorientierte Menschen weniger Stress haben müssen, weil sie jene Faktoren ausschalten, die Stress erst ermöglichen.

5.4 Einzelkämpfer oder Herdentier

Sie werden als Eigenbrötler, Sonderlinge oder Einzelgänger bezeichnet, nennen sich selbst jedoch Individualisten. Wie so oft steckt hinter Worten mehr, als auf den ersten Blick scheinen mag. Die ersten drei haben negative Zusatzbedeutungen und werden

auch entsprechend verwendet. Wer einen Menschen als Einzelgänger oder Eigenbrötler bezeichnet, wirft ihm unterschwellig vor, sich nicht wie die Masse zu verhalten
und außerhalb der Gemeinschaft zu stehen. Interessanterweise schwingen unterschwellig aber auch Emotionen wie Bewunderung oder sogar Neid mit, wenn der so
Gescholtene es schafft, auch ohne Gemeinschaft seine Ziele zu erreichen. Die Ei-
genbezeichnung Individualist ist hingegen neutral mit leichter Tendenz zu positiven
Aspekten. Individualisten gehen zielstrebig ihren eigenen Weg und lassen sich nicht
von der Gruppenmeinung aus dem Konzept bringen. Ulf Porschardt betont in seinem
lesenswerten Buch „Einsamkeit. Die Entdeckung eines Lebensgefühls", dass die
ausschließlich negative Verwendung des Wortes nicht gerechtfertigt ist. Er führt folgende Gründe dafür an.

- Nur wer auch allein mit sich selbst klarkommt, ist überhaupt erst einmal in
  der Lage, sich über seine Ziele zu verständigen.
- Wer weiß, dass er auch allein glücklich werden kann, wird souveräner mit
  sich und anderen Menschen.
- Einsamkeit ist kein frustrierender Zustand, sondern „mentales Bodybuilding",
  um zu lernen, bis zur eigenen Person vorzudringen.
- Speziell in Deutschland haben viele Angst vor Einsamkeit, weil der Sozial-
  staat „zahlreiche Versorgungsleistungen übernommen und damit soziale Ta-
  lente überflüssig gemacht hat."

Betrachtet man die andere Seite, wird noch deutlicher, welche Chancen in einer tem-
porären Einsamkeit liegen. Viele Menschen hassen es, allein zu sein. Bereits den Frei-
tagabend nach einer anstrengenden Woche empfinden sie – allein vor dem Fernseher – als äußerst frustrierend. Der Grund liegt häufig in fehlenden Lebenszielen, so
dass außerhalb der Arbeit plötzlich Langeweile aufkommt, die flugs mit betäubenden
Freizeitangeboten erstickt wird. Wer allein ist, und sei es auch nur für Stunden, muss
mit sich selbst etwas anfangen können. Dies setzt aber voraus, dass dieser – von außen betrachtet Unglückliche – einen Lebensinhalt gefunden hat. Ein anderes Symp-
tom für dieselbe Erscheinung ist die krampfhafte Suche nach Partnerschaft. Wer sich
nicht über sich selbst als Individuum zu definieren vermag, muss dies über den ande-

ren tun. Wenn der Mensch sich überwiegend in der Gruppe aufhält, fühlt er sich zuerst einmal geborgen und aufgehoben – das ist natürlich gut. Evolutionär betrachtet war die Mitgliedschaft in mindestens einer Gruppe sogar überlebensnotwendig, denn allein in der Savanne war das arme Menschlein zum Tode verurteilt. Andererseits aber verbrachten Menschen auch die meiste Zeit ihres Lebens damit, ihre Grundbedürfnisse zu befriedigen. Heute haben sich jedoch die Verhältnisse grundlegend gewandelt, denn die Grundbedürfnisse sind gedeckt. Wir sind in der Lage, uns anderen Dingen zuzuwenden. Da wird dann die Gruppe zum Hemmschuh, denn weitergehende Bedürfnisse sind häufig nicht mit und innerhalb einer Gruppe zu verwirklichen. Wer erfolgreich sein will, wird durch gruppendynamische Prozesse immer wieder zum Mittelmaß zurückgedrängt werden. Wer Ziele verfolgt, die außerhalb der nivellierenden Gruppennormen liegen, wird mit dieser immer wieder in Konflikt geraten, wenn er seine Ziele auch umsetzt. Das beginnt bereits in der Schule, wenn die Mehrwoller als Streber bezeichnet und gemieden werden.

Wirklich erfolgreiche Menschen wissen, dass sie bestimmte Phasen ihres Lebens allein verbringen müssen. Diese können wiederkehrend einige Stunden pro Tag ausmachen oder mehrere Monate hintereinander. Dazu passen Untersuchungen von Sozialwissenschaftlern, die bereits vor mehreren Jahrzehnten herausgefunden haben, dass so genanntes Brainstorming – also gemeinsames Brüten über Aufgaben – weniger und weniger gute Resultate bringt, als wenn man dieselben Menschen erst einmal isoliert voneinander über die Aufgaben nachdenken lässt. Auch wenn jetzt einige Leser protestieren und Brainstorming als DIE Kreativitätstechnik loben; die Resultate umfangreicher Forschungen sind eindeutig und belegen das Gegenteil. Nun soll noch einmal Ulf Porschardt zu Wort kommen, damit klar wird, dass Einsamkeit nicht abschnürt, sondern erhebt: „Sie werden nur geliebt, weil sie in ihrer Einsamkeit zu dem wurden, was sie immer sein wollten. Weil sie ganz sie selbst sind. In einer Welt der fortschreitenden Entindividualisierung eine Rarität."

Der andere Fall, Individualität, ist deswegen so bedeutend, weil selbstständiges Handeln die Grundlage für Erfolg ist. Dies zeigt auch ein erfolgreicher Dichter, der seine besten Werke schuf, wenn er sich zeitweise zurückzog – Rainer Maria Rilke. Besonders erhellend sind die letzten Zeilen des folgenden Gedichts:

Menschen bei Nacht

Die Nächte sind nicht für die Menge gemacht.
Von deinem Nachbar trennt dich die Nacht,
und du sollst ihn nicht suchen trotzdem.
Und machst du nachts deine Stube licht,
um Menschen zu schauen ins Angesicht,
so musst du bedenken: wem.

Die Menschen sind furchtbar vom Licht entstellt,
das von ihren Gesichtern träuft,
und haben sie nachts sich zusammengesellt,
so schaust du eine wankende Welt
durcheinandergehäuft.
Auf ihren Stirnen hat gelber Schein
alle Gedanken verdrängt,
in ihren Blicken flackert der Wein,
an ihren Händen hängt
die schwere Gebärde, mit der sie sich
bei ihren Gesprächen verstehn;
und dabei sagen sie: *Ich* und *Ich*
und meinen: Irgendwen.

5.5   Das muss man aushalten können

Erfolgreiche Menschen sind oftmals jene, die sich aus der Masse emporheben, ausscheren, einen anderen Weg gehen als alle. Damit aber werden sie der Mehrheit suspekt. Man tuschelt, redet, meidet, schließt aus. Dazu möchte ich einen Mann zitieren, der wie alle anderen begann und heute weiter ist als viele andere. Er studierte Sportwissenschaften, verletzte sich aber beim Sprung von einer Klippe so schwer, dass er seitdem im Rollstuhl sitzt. Dennoch studierte er weiter, nahm noch Psychologie als Studienfach hinzu und gründete sein eigenes Management-Institut. Boris Grundl schreibt: „Wer heraustritt aus der Masse, um etwas Besonderes zu leisten, muss aushalten, dass es ihn einsam macht. Derjenige, der sich mehr anstrengt als andere und mehr Verantwortung für andere übernimmt, wird nicht mehr jederzeit von einer Gruppe getragen. Er muss mit Vorwürfen leben, arrogant zu sein und anderen den Spaß zu verderben. Wer mit sich selbst im Reinen ist, hält diese Einsamkeit aus und geht trotzdem seinen Weg. Die Einsamkeit muss auch nicht immer von Dauer sein. Am Ende der Durststrecke warten oft andere Freunde – solche, die einen verstehen."

Zusammenfassung

Erfolgreiche Menschen haben erkannt, dass sie die von außen kommenden Muss-Vorstellungen meist gar nicht zu beachten brauchen. Die wichtigsten Vorstellungen in Bezug auf die eigene Person: Man muss überall dazugehören, perfekt und der Beste sein. Die wichtigsten Vorstellungen in Bezug auf die anderen besagen, dass andere so leben sollten / müssen wie ich selbst und dass sie meine Erwartungen zu erfüllen haben. Eine dritte Gruppe solcherart Muss-Vorstellungen beschäftigt sich mit jenen über die Umwelt: Die Welt muss sich nach mir richten, nicht umgekehrt; und ich kann nur glücklich sein, wenn alles so geschieht, wie ich mir das vorstelle. All diese Überzeugungen entbehren bei Lichte betrachtet meist jeder Grundlage und gehören demnach auf den Müll. Erfolgreiche sehen die Welt nicht nur anders, sondern gehen auch mit Emotionen anders um. Sie beziehen viele Ereignisse, aus denen Gefühle resultieren, nicht auf sich, ersetzen bisherige Sichtweisen durch andere und konzentrieren sich auf andere Ereignisse.

Ähnlich bekämpfen sie Stress, indem sie die auslösenden Ereignisse unter einem anderen Blickwinkel betrachten oder ihnen ganz aus dem Weg gehen. Wer so handelt, wird auch Phasen der Einsamkeit oder des Alleinseins erleben. Hinzu kommen oft Neid, Missgunst und spöttisches Gerede. Wer das aushält und sich darüber erheben kann, wird nicht nur äußerlich, sondern vor allem innerlich erfolgreich, glücklich und ausgeglichen sein.

6.   Glück suchen und finden

6.1 Glück und Glück ist vielerlei

Aristoteles wird ein Satz zugeschrieben, den er geäußert haben soll, als er über den Markt von Athen ging: „Was es alles gibt, das ich nicht brauche." Wenn man davon ausgeht, dass vor mehr als 2300 Jahren das Angebot an Waren – verglichen mit dem heutigen – äußerst gering war, erstaunt dieser Satz. Zugleich torpediert er aktuelle Glücksvorstellungen. In einer übermaterialisierten Welt, die in einem normalen Supermarkt mehrere tausend Produkte anbietet und Geld als Wert an sich behandelt, hat sich ein kurioses Glücksverständnis herausgebildet. Es ist fast immer an materiellen Besitz, an Reichtum gebunden. Unternehmen, die natürlich ihre Produkte verkaufen wollen, unterstützen diese eigenartigen Vorstellungen. Sie zeigen scheinbar glückliche Menschen in teuren Autos und überdimensionierten Villen. Ernsthafte Untersuchungen belegen das Gegenteil. Sie beweisen, dass persönliches Glück viel weniger von äußeren materiellen Dingen abhängt. Dies liegt zum Beispiel an dem Phänomen der Habituation, Gewöhnung. Wie im Märchen vom Fischer und seiner Frau gewöhnen Menschen sich schnell an Standards und wollen immer mehr. Eine Untersuchung mit Querschnittsgelähmten zeigte, dass diese sich nach ungefähr zwei Jahren auf demselben Zufriedenheitslevel befanden wie vor dem Unfall.

Glück ist kein objektiver und objektivierbarer Zustand, der an Dinge gebunden ist. Glück ist ein Gefühl, das wiederum von verschiedenen Parametern abhängt – genetische Veranlagung (vierzig Prozent), äußere Umstände (fünfzehn Prozent), innere Einstellung (zwischen vierzig und fünfzig Prozent). Selbst wenn sich diese Zahlen bei anderen Untersuchungen leicht ändern, so bleibt doch die Tendenz: Entscheidend für das individuelle Glücksgefühl ist die eigene Einstellung, die sich wiederum schrittweise ändern lässt.

Durch die Geschichte der Menschheit zieht sich neben dem unsinnigen Gedanken von der materiellen Basis des Glücks ein zweiter Irrglaube, der auch heute noch weit verbreitet ist: Glück ist ein erreichbarer Zustand, der ab einem bestimmten Punkt vorhanden ist und anhält. Tausende Beispiele belegen, dass dem nicht so ist, denn die Menschen gewöhnen sich ans Glück, wenn es denn vorhanden ist; sie streben nach

Höherem und möchten eine nächste Stufe erreichen. Das ist erst einmal etwas sehr Positives, denn ansonsten hätte sich die Menschheit nicht aus den gemeinsamen Vorfahren entwickelt und würde heute noch auf dem Status des Urmenschen verharren. Negativ jedoch wird die ganze Sache, wenn der Glücksuchende das Ziel seines Sehnens immer weiter nach hinten verschiebt, weil die angepeilten Ziele so weit entfernt sind, dass der Blick auf das Naheliegende völlig abhandengekommen ist. Im Folgenden sehen wir uns darum einige Aspekte an, welche die Basis für die Emotion des Glücks darstellen.

6.2 Der Weg zum Glück

a)   Positive Gefühle

Wenn Menschen eine Sache mit positiven Augen sehen und ebensolche Gefühle dazu entwickeln, hat dies gleichermaßen Folgen für Körper und Geist. Untersuchungen konnten zeigen, dass positive Gefühle die Leistung des Gehirns verbessern, weil hemmende negative Gedanken schlicht entfallen. Positive Gefühle sind in der Lage, altruistische Impulse zu fördern, also solche, die ausschließlich anderen Menschen zugutekommen. Dadurch setzt sich ein Kreislauf in Gang, der wieder auf uns zurückführt.

Wer positive Gedanken denkt und daraus positive Emotionen entwickelt, kann auf mehr geistige Ressourcen zurückgreifen und demnach auch kreativer an Aufgabenstellungen herangehen. Dies ist besonders bei Dienstleistungen wichtig, die auf ungewöhnlichen Lösungen basieren. Wenn zum Beispiel der Chef einer Werbeagentur Angst verbreitet und damit negative Gefühle initiiert, wird er seine Mitarbeiter nicht zu kreativen Höchstleistungen anspornen. In der Folge bekommen sie den Auftrag nicht, sind frustriert und haben noch mehr Angst vor der nächsten Ausschreibung. In der Folge ziehen sie sich auf Standard-Lösungen zurück, die der Auftraggeber auch als solche erkennt und – dankend ablehnt.

Eng damit hängt ein Phänomen zusammen, das die Psychologen „Sich selbst erfüllende Prophezeiung" nennen. Wer fest daran glaubt, diese Prüfung nicht zu schaffen, wird unbewusst so agieren, lernen und sich vorbereiten, dass er die Prüfung wirklich nicht schafft. Wer der Meinung ist, beim Aufstieg auf den Achttausender vor sechstausend Metern schlappzumachen, wird auf einer Höhe von fünftausend kaum noch Luft bekommen und kurz vor einem Herzanfall stehen. Nicht besonders hilfreich sind dann gute Ratschläge guter Freunde oder Verwandter. Man muss sich immer vergegenwärtigen, dass diese aus einem wesentlichen Grund gut und gern zu den Akten gelegt werden können: Ratschläge sind Sichtweisen aus einer individuellen Perspektive heraus und häufig genug aus Angst geboren. Der Ratschlag Gebende will einfach nicht, dass ich selbst erreiche, was er sich nicht zutraut oder wofür er einfach zu faul ist. Auch Neid spielt viel häufiger bei diesen so genannten Ratschlägen eine Rolle, als uns allen bewusst ist.

b)   Ich- oder Sachprobleme

Häufig vermischen Menschen zwei Sachverhalte, die bei Licht betrachtet miteinander nichts zu tun haben – die Sach- und Ich-Ebene. Besonders dann, wenn sie sich mit Vorwürfen, Diskussionen oder Streitereien konfrontiert sehen, fühlen sie sich angegriffen. Obwohl der Kommunikationspartner auf der Sachebene argumentiert, steigt der andere auf der persönlichen ein und schießt oftmals auf dieser zurück. Auch in anderen Situationen ziehen sie sich Probleme, Sorgen oder auch nur zusätzliche Arbeit an Land, die sie gar nichts angehen. Dies ist nicht negativ, sondern neutral gemeint. Folgende Fragen sollte man sich also öfter stellen, um den beschriebenen Phänomenen aus dem Weg zu gehen:

- Was setzt mich in dieser ganz konkreten Situation unter Spannung und warum?
- Gehört dieses Problem jetzt zu mir? Muss ich es lösen, oder ist eigentlich ein anderer dafür zuständig?
- Welche Bedeutung besitzt das Ganze, wenn man sich in die Adler-Perspektive begibt und das Große und Ganze betrachtet?

- Welche Menschen hegen mir gegenüber welche Erwartungen? Welche davon bin ich bereit zu erfüllen, welche nicht?
- Kann man die Sache auch aus einem anderen als dem gegenwärtigen Blickwinkel betrachten?

Wer sich diese Fragen in verschiedenen Situationen vorlegt, wird merken, dass viele Aufgaben, Probleme, Sorgen von ganz allein im Nichts verschwinden oder – bitteschön – von anderen bearbeitet werden sollten.

c) Agieren statt reagieren

Unsere Gesellschaft heißt nicht umsonst Konsumgesellschaft, denn sie ist darauf ausgerichtet, dass Menschen Waren, Informationen, Freizeitaktivitäten konsumieren. Das ist sehr positiv, denn dadurch wird ein Kreislauf in Gang gesetzt, der unterm Strich den meisten Menschen ein nie dagewesenes hohes Lebensniveau beschert. Auf der anderen Seite verwechseln viele jedoch konsumieren mit handeln. Wer vor dem Fernseher sitzt und das Leben anderer Menschen beobachtet, nimmt nicht aktiv daran teil. Es macht einen gewaltigen Unterschied, ein Paar tanzen zu sehen oder selbst zu tanzen. Ich bin immer wieder erstaunt darüber, wie stark der Fernseher das Leben vieler Menschen nicht nur beeinflusst, sondern bestimmt. Sie richten ihren Tagesablauf am Programm aus und geben dem Gerät einen bevorzugten Platz im Wohnzimmer.

Wirkliche und tiefgehende Befriedigung aber, die Voraussetzung, um Glück zu fühlen, gibt es nicht durch passives Konsumieren. Wer in der Küche ein Gericht gezaubert hat, dass allen schmeckt, wer sein Fahrrad selbst reparieren konnte, wer ein Bild malte, ein Stück am Klavier spielen kann oder ein kleines Buch schrieb, handelte. Auch wenn das Gericht des Fernsehkochs dreimal besser aussieht, Lang Lang hundertmal besser spielt, und das Bild nie in einer Galerie hängen wird – das selbst geschaffene Produkt wird allein darum stärkere und tiefere positive Emotionen auslösen, weil es nicht durch bloßen Wechsel von Geld in meinen Besitz gelangte – es ist einmalig, weil ich selbst es geschaffen habe.

d) Wenn, dann…

Viele Menschen haben eine auf Zukunft gerichtete Vorstellung vom Glück, die häufig mit einer Formel ausgedrückt wird: wenn, dann. Wenn ich erst in Rente bin, hole ich all das nach… Wenn ich erst dieses Auto fahre, fühle ich mich… Wenn das Haus erst mal steht, dann… All diese Äußerungen sind nicht einfach so dahingesprochen, sie drücken eine Haltung aus, mit der man Glück nie finden wird. Wenn erst die Rente da ist, beginnt plötzlich die große Leere, wenn ich erst in diesem Auto sitze, wird es nach zwei Wochen Alltag. Wenn erst das Haus steht, kommt noch eine Menge Arbeit auf mich zu. Menschen, die vom Glücklichsein immer in Form eines zukünftigen Ereignisses reden, legen all ihr Hoffen und Sehnen hinein und laden somit den Zustand über Gebühr auf. Am Ende merken sie, dass die Realität ihre Wünsche nicht erfüllen kann.

Zusammenfassung

Glück ist kein zu erreichender Endpunkt, der von Dauer ist. Es hängt auch nicht von Geld, Gut und Reichtum ab – dies haben viele Untersuchungen der vergangenen Jahre eindrucksvoll bestätigt. Glück ist ein Gefühl, das von verschiedenen Faktoren abhängt, von denen man fast die Hälfte beeinflussen und steuern kann. Glückliche geben positiven Emotionen vor negativen den Vorzug und setzen einen Kreislauf in Gang, der folgende Elemente beinhaltet: Positive Gefühle und fester Glaube an die eigene Kraft, verbunden mit halbwegs realistischer Einschätzung der eigenen Kräfte → private und berufliche Erfolge → Glücksgefühle.

Parallel dazu können glückliche Menschen Sach- von Ich-Problemen trennen und Vieles von dem, was anderen Kopfzerbrechen bereitet, einfach von sich weisen: nicht mein Problem. Sie gehen den meisten Versuchungen der modernen Konsumgesellschaft aus dem Weg, weil ihnen klar ist, dass reines Konsumieren nur kurzzeitige Glücksgefühle hervorbringt; die tiefen und langanhaltenden hingegen erzeugen sie durch selbstbestimmtes Agieren. Weil ihnen klar ist, dass sich Verhältnisse ändern können, genießen sie darüber hinaus die kleinen Momente des Lebens, die von all den anderen glatt übersehen oder nicht mehr wahrgenommen werden.

7.   Epilog

Wie zu sehen war, genügt es nicht, auf die Fee oder den Prinzen oder den großen Lottogewinn zu warten, um erfolgreich oder gar glücklich zu werden. Bei näherer Betrachtung sind es gerade die erfolgreichen Menschen, die am härtesten an sich gearbeitet haben und zugleich den Einflüsterungen und scheinbar gerechtfertigten Erwartungen ihrer Umwelt trotzten. Sie haben den Mut, anders zu sein, ihre eigenen Ziele zu verfolgen und sich auch manchmal gegen die Meinung ihrer engsten Familienmitglieder und Freunde zu stellen.

Man darf dabei nicht vergessen, dass Erfolg erst seit wenigen Jahrhunderten an materiellen Reichtum gebunden wird, der Mensch aber schon viel länger auf der Erde wandelt. Goethe verwendet das Wort *Erfolg* noch in der Bedeutung von *Hergang, Geschehen, Ablauf*. Erst später wird mit *Erfolg* das Ziel und nur dieses bezeichnet. Wer wirklich erfolgreich sein will, sollte das Wort wieder wie Goethe betrachten und schon den Weg zum Ziel als erfolgreich betrachten. Dann wird auch das Adjektiv *erfolgreich* nicht mehr nur mit Geld verbunden. Erfolgreich ist dann auch der, der überhaupt handelt und sich auf den Weg gemacht hat.

Wer sich aus der jammernden und wehklagenden Masse erheben will, muss sich zugleich klar darüber sein, dass Gehirne uns immer wieder Striche durch die Rechnung machen, und der innere Schweinehund ebenfalls mehr als nur einmal laut und vernehmlich kläfft. Wer sich auf den Weg macht, muss sein ganz eigenes Ziel kennen. Dann gilt es, den Weg dorthin mit Mini-Zielen zu bestücken und zu starten. Dass es funktioniert, haben Tausende bewiesen. Der eigentliche Erfolg ist dann keine Marke am Ende des Wegs, sondern der Weg selbst. So platt dies auch klingen mag – es ist wissenschaftlich bewiesen.

Ich wünsche Ihnen viel Erfolg dabei.

8. Literatur

- Brizendine, Louanne: Das weibliche Gehirn. Hamburg 2007

- Brizendine, Louanne: Das männliche Gehirn. Hamburg 2010

- Brown, Jeff / Fenske, Mark: So denken Gewinner. München 2011

- Cialdini, Robert B.: Die Psychologie des Überzeugens. Bern 2007

- Csikszentmihalyi, Mihaly: Flow. Stuttgart 1992

- Dweck, Carol: Selbstbild: Wie unser Denken Erfolge oder Niederlagen bewirkt. München 2009

- Eibl-Eibesfeldt, Irenäus: Die Biologie des menschlichen Verhaltens. München 2004

- Ekman, Paul: Gefühle lesen. Heidelberg 2011

- Grabowski, Joachim (Hrsg.): Atkinsons und Hilgards Einführung in die Psycholgie. 14. erw. Aufl. Heidelberg 2007

- Grundl, Boris: Diktatur der Gutmenschen. Berlin 2010

- Hansch, Dietmar: Erfolgsprinzip Persönlichkeit. Heidelberg 2009

- Holm-Hadulla, Rainer: Kreativität. Göttingen 2005

- Kahneman, Daniel: Schnelles Denken, langsames Denken. München 2012

- Kaluza, Gert: Stressbewältigung. Heidelberg 2011

- Kirchler, Erich / Walenta, Christa: Motivation. Wien 2010

- Luczak, Hania: Die Macht, die uns lenkt. In: GEO kompakt Nr. 15, Hamburg 2005: 103-115

- Marcus, Gary: Murks. Der planlose Bau des menschlichen Gehirns. Hamburg 2009

- Porschardt, Ulf: Einsamkeit. Die Entdeckung eines Lebensgefühls. München 2007

- Rilke, Rainer Maria: Die Gedichte. Frankfurt/Main 2003

- Rost, Wolfgang: Emotionen. Elixiere des Lebens. Heidelberg 2001

- Rothermund, Klaus / Eder, Andreas: Motivation und Emotion. Wiesbaden 2001

- Seligman, Martin: Pessimisten küsst man nicht. München 2001

- Stroebe, Wolfgang / Nijstad, Bernard: Störe meine Kreise nicht! In: Gehirn & Geist, Heidelberg 2/2003: 26-31

- Zimbardo, Philip G.: Psychologie. Augsburg 1995